u. I.

LA VÉRITÉ.

LA VÉRITÉ,

par

M. C. V. MORELLET,

ANCIEN NOTAIRE A BOURG.

> La Vérité est le principe et la fin
> de tous les devoirs de la vie.
> (A. NICOLAS.)

LYON,

GIRAUDIER, LIBRAIRE, PLACE LOUIS-LE-GRAND.

1849.

LA VÉRITÉ.

————◆————

« Il n'y a qu'une seule chose dont l'ame veuille et
» qu'elle appelle avec ardeur, avec amour : cette chose,
» c'est la VÉRITÉ.

» La Vérité sous toutes ses formes et dans toutes ses
» applications, la Vérité dans les sciences naturelles, la
» Vérité dans les sciences morales, la Vérité dans les
» arts ; le vrai, le bon, le beau : voilà ce pourquoi elle a
» une affinité invincible ; elle ne se sent elle-même que
» lorsqu'elle s'en occupe, et son développement est en
» rapport direct avec son application à ces grandes sour-
» ces de la vie. Comme une flamme légère qui voltige à
» la surface de ce monde matériel, on dirait qu'elle tend
» sans cesse, au travers de tout, à rejoindre le foyer de
» la vérité d'où elle émane et qu'elle gravite autour de
» la lumière ; il semble qu'elle reconquiert son patri-
» moine quand elle la découvre, et qu'elle respire son
» air natal lorsqu'elle y a pénétré et qu'elle en jouit.
» Rien égale alors sa joie et son orgueil ; elle en est dans
» le délire : C'est Archimède, courant dans les rues de
» Syracuse et s'écriant : Je l'ai trouvé ! C'est Pythagore,
» immolant une hécatombe aux cieux, en reconnais-
» sance de la découverte du carré de l'hypothénuse. C'est
» Galilée, ne pouvant lâcher prise, malgré le soulèvement

» de son siècle contre lui, retraçant son système astro-
» nomique jusque sur les murs de sa prison, et disant à
» cette figure animée par la Vérité : *Mais cependant tu*
» *tournes !* C'est Socrate, c'est Régulus, c'est Thraséas,
» c'est Mathieu Molé, s'immolant à la vérité morale,
» au devoir. C'est l'artiste, sous la figure de Pygmalion,
» échauffant le marbre de toutes les inspirations de la
» Vérité dans le beau. Le commun des hommes même,
» dans tous les déréglements de leur esprit et de leur
» cœur, ne peut rester sciemment dans l'erreur ; ils se
» la déguisent d'eux-mêmes, ils la systématisent, c'est-
» à-dire, ils se la font Vérité, et ce n'est que pour mieux
» se donner le change qu'ils persécutent la Vérité même,
» en l'appelant erreur.

» La Vérité. Voilà donc le principe nourricier de
» l'ame. Cette viande des esprits, comme dit excellemment
» Malebranche, est si délicieuse, et donne à l'ame tant
» d'ardeur lorsqu'on en a goûté, que lorsqu'on se lasse
» de la rechercher, on ne se lasse jamais de la désirer et
» de recommencer ses recherches ; car c'est pour elle
» que nous sommes faits. Or, la Vérité est immortelle,
» elle subsiste immuablement, elle est coéternelle à
» Dieu, comme dit Orphée.

» La Vérité est le principe et la fin de tous les devoirs
» de la vie (1). »

---

(1) Telle est l'admirable définition qu'en a donnée M. A. Nicolas,
dans ses *Études philosophiques sur le christianisme* : nous nous
sommes permis de lui faire plusieurs autres emprunts à titre de notoriété ou d'autorité et par conséquent, en lui en réservant le mérite.
Si par là, nous amenons quelques lecteurs à prendre connaissance de

La Vérité est encore ce phare lumineux qu'une main
toute puissante a placé au dessus des erreurs, des passions et des souffrances humaines pour comprimer les
unes et pour soulager les autres : sans doute les plus
grandes commotions, politiques ou autres, ne sauraient
l'éteindre, mais elles l'obscurcissent momentanément ;
alors toute nation qui se trouve privée de cette lumière,
éprouve nécessairement des malaises et court des dangers
dont l'intensité et la durée sont subordonnées à l'obscurité qui l'environne.

Les graves perturbations qui ont, à diverses reprises,
affligé et indigné la France et compromis l'existence de
la république, paraissent être, à la vérité, réprimées ou
assoupies ; mais leurs funestes conséquences surgissent
de toutes parts, et le mal s'aggravera de plus en plus,
si on ne se hâte de le combattre par des mesures efficaces. L'auteur de cet écrit s'est efforcé de les rechercher et de les indiquer à l'aide de documents nombreux
et précis, recueillis avec impartialité, confiant, surtout,
dans la pureté de ses intentions. Dans les temps critiques, tout citoyen qui est animé de l'amour de son pays
et qui a l'intelligence de ses véritables intérêts, s'em-
presse d'apporter au salut commun le tribut de ses efforts. Mais lorsque ce dévoûment est dirigé et soutenu
par les croyances religieuses, par la foi chrétienne, il

---

cet ouvrage remarquable, tout à la fois, par la logique, la science, la
clarté, le coloris, les sentiments élevés et une modestie qui n'est pas
suspecte, nous ne doutons pas qu'ils ne nous en sachent bon gré ; en
même temps, nous aurons contribué à propager les saines doctrines.

acquiert la force et la persistance d'un devoir impérieux, et dont nulle considération ne saurait empêcher l'accomplissement ; son but principal est de satisfaire la conscience : tout autre motif lui est subordonné et n'a plus qu'un intérêt secondaire.

Mais, avant de prescrire aucun remède, il est indispensable de connaître et de signaler la nature du mal, son origine et ses causes.

Des souffrances actuelles de la France, les unes sont seulement physiques, d'autres ne sont que morales ; d'autres ont ce double caractère.

Les premières, les souffrances physiques, paraissent être celles-ci :

Atteintes profondes portées au commerce, à la fabrication, à l'exportation, à la circulation du numéraire, au crédit, à l'agriculture, à la propriété ; d'où la destruction successive d'une multitude d'industries et bientôt la misère ou le dénument dans un grand nombre de familles ; puis, comme corollaire, le besoin, sinon la gêne, dans les classes qui, auparavant, étaient riches ou aisées et qui ont été frappées, à l'improviste, par des faillites multipliées, par l'énorme dépréciation qu'ont subie les fonds publics et les actions industrielles, par la difficulté et souvent par l'impossibilité où se trouvent les fermiers, locataires et débiteurs divers, de remplir leurs engagements ; dès-lors, réduction notable dans les dépenses de toute nature ainsi que dans les entreprises et travaux particuliers.

Par contre-coup, les recettes du trésor diminuent sensiblement, tandis que les dépenses ne font que s'accroitre, soit pour faire face aux éventualités de l'extérieur, soit pour racheter et continuer des travaux d'utilité publique que l'industrie privée est obligée d'abandonner, soit pour procurer des ressources à ces nombreux ouvriers des grandes villes qui, enlevés, ou renonçant, tout-à-coup, à leurs travaux habituels et méchamment surexcités par des promesses fallacieuses et de funestes conseils, sont devenus des instruments de désordre et de perturbation.

Enfin, pour combler des déficits réitérés, on essaye des impôts peu équitables ou mal conçus, on persiste dans la voie déplorable des emprunts, et aux conditions les plus onéreuses, on aliène ou on engage les dernières ressources de l'Etat. Ainsi, le dernier emprunt, celui de 200 millions, contracté à 35 0[0 au-dessous du pair, a occasionné au trésor une perte immédiate de 70 millions, ce qui en a élevé l'intérêt jusqu'au 7 0[0. En même temps cet emprunt a été, envers les dépositaires des caisses d'épargnes, un acte de spoliation si évident qu'on s'est vu obligé ensuite de le réparer. En dernière analyse, un déficit de plus de 600 millions est venu attester le déplorable état des finances et leur mauvaise administration.

Préalablement, on doit reconnaître (l'impartialité le demande et l'auteur espère le démontrer) que si une partie des souffrances physiques et morales de la France doit être imputée, sinon à la nouvelle République, du moins à ceux qui l'ont inaugurée et en ont été les premiers menins, l'autre partie doit en être attribuée aux gouvernements qui l'ont précédée et qui, tous, ont succombé sous le poids de leurs fautes diverses; l'odieuse république de 93, l'empire, la restauration, la royauté de

1850. Sans doute, les importantes modifications appor-
tées par le règne de Louis XIV et par la régence à la situation politique et sociale de la France, ont exercé et
exercent encore une grande influence sur son état actuel;
car, dans la vie d'une nation, comme dans celle de l'individu, tout se lie et s'enchaîne : mais cette appréciation
est plus spécialement du domaine de l'histoire ; l'auteur
a dû restreindre la sienne aux faits contemporains les
plus significatifs et qui ont le plus d'actualité.

L'origine et les causes des souffrances matérielles du
pays ont avec ses souffrances morales des affinités, des
corrélations si nombreuses, leur réaction réciproque est
telle qu'on ne saurait faire connaître les unes sans dévoi-
ler les autres.

La même complication a lieu quant aux remèdes à indiquer : les uns n'appartiennent qu'à l'ordre moral, d'autres à l'ordre physique; d'autres participent de ces deux
natures ; il en est même qui conviennent à plusieurs
maux à la fois ; mais tous, ou presque tous, surgissent de
la mise à nu des plaies qu'ils sont destinés à cicatriser
et auxquelles ils s'appliquent, en quelque sorte, d'eux-
mêmes.

Dès lors, on comprendra qu'un exposé aussi complexe
et qui, d'ailleurs, a nécessité des digressions, n'ait pu
être soumis à une classification chronologique. Cette méthode, quel qu'en soit l'avantage, aurait donné lieu à des
redites trop fréquentes. Déjà l'auteur a dû se soumettre
en partie à cet inconvénient pour ne pas nuire à la clarté
et à la précision et par conséquent à la manifestation de
la Vérité qui est le titre de cet écrit comme elle en est

le but unique ; il a dû se borner à une division par *cha-pitres* des principales questions qu'il renferme.

Pour apprécier la situation des diverses classes qui composent l'ensemble du pays, il en a été formé 3 catégories ; la 1re comprendra les classes ouvrières spécialement attachées aux fabriques, aux manufactures et aux grandes industries : quant aux ouvriers et aux artisans répandus sur toute la surface de la France et établis dans les villes, grandes ou petites, les bourgs et les campagnes, où ils exercent, séparément, ou réunis en petit nombre, des professions diverses relatives aux arts ou aux métiers, ils sont loin, sans doute, d'être sans importance par leur nombre comme par leur valeur intrinsèque : mais, en général, ils suivent le courant des populations au milieu desquelles ils existent : ils ont des habitudes, des besoins, des mœurs et des idées qui varient à l'infini suivant les localités et sont, parfois, contradictoires; dès lors, ils n'offrent pas, dans leur ensemble, un aspect caractéristique et homogène suffisamment appréciable.

La 2e catégorie embrassera les fabricants, négociants, financiers et les spéculateurs en général.

La 3e catégorie sera spéciale aux propriétaires et aux agriculteurs.

Classes ouvrières des manufactures, des fabriques et des grandes industries.

Il est notoire que la France est essentiellement agricole, que la nature et l'étendue de son sol suffisent et suffiront encore pendant longtemps à l'alimentation et aux principaux besoins de sa population, quel que soit, d'ailleurs, l'accroissement de celle-ci : l'immense quantité de terrein qui est encore inculte nonobstant les défrichements qui ont lieu avec un succès constant, l'encombrement et le prix, habituellement peu élevé, des produits de l'agriculture s'accordent à constater ce fait; les statistiques établissent qu'il existe en France 15 millions 500 mille hectares de terrain non cultivé, dont 8 millions en forêts nationales et particulières, et d'un sol de bonne qualité : des 7 millions 500 mille hectares qui forment l'ensemble des propriétés communales, 1/10 seulement serait en nature de rochers improductifs et le surplus en terrains vagues, en friche ou à l'état de pâturages, de qualités diverses mais que la culture fertiliserait. A cet égard, les essais heureux qui ont eu lieu dans la Camargue et dans les Landes répondent à toutes les objections.

Cependant la France a été depuis longtemps, depuis 50 ans surtout, détournée de sa voie la plus naturelle et la plus sûre : sa richesse territoriale a été négligée et sacrifiée aux produits, factices ou incertains, de la fabrication manufacturière ; c'est là un fait notoire, confirmé d'ailleurs, comme on le verra, par des documents graves, nombreux, concordants et par une enquête officielle et récente de l'Académie des sciences morales et politiques.

En même temps, les guerres meurtrières et continuelles de la 1re république et de l'empire ont privé le sol des bras utiles à sa culture et à sa fécondation ; puis elles ont imposé à la propriété des charges nouvelles : ainsi, le décime de guerre, les réquisitions militaires, les emprunts forcés, les droits énormes établis sur les boissons, sous la dénomination de *droits-réunis*, les lois fiscales sur les expropriations, ventes et mutations d'immeubles ; puis, sous toutes les formes, les centimes additionnels à l'impôt direct, les prestations en nature, etc. Ainsi obérée, la propriété territoriale a dû recourir aux emprunts en subissant, tout à la fois, les exigences de l'usure et les formalités dispendieuses de l'hypothèque.

En même temps, l'industrie manufacturière et le commerce qui lui est spécial ont été, de la part des divers gouvernements, l'objet de faveurs et de priviléges continuels : les brevets d'invention, les médailles, les distinctions honorifiques, les encouragements pécuniaires, les commandes, les primes d'exportation et même d'importation, les droits prohibitifs, sur la fabrication étrangère, leur ont été prodigués sans relâche : puis, des lois et règlements spéciaux ont facilité et dispensé de tous frais les transactions commerciales ; dans le même but, le crédit mobilier a été fondé au moyen de la Banque de France et des succursales, de la création de la Bourse à Paris et dans les principales villes de commerce, de l'institution des agents de change, de la consolidation des rentes sur l'État et de leur exemption de tout impôt.

Ainsi, tandis que les bras, les intelligences, le numéraire, le crédit surabondaient dans l'industrie et le commerce, pendant que les inventions et les procédés ingénieux s'efforçaient, à l'envi, de créer ou de perfectionner les objets destinés au luxe et aux superfluités de la vie, l'agriculture, cette mère nourricière de la France, languissait et était, en quelque sorte, vouée à l'abandon et au mépris. Que d'envies, de désertions, ont occasionné,

dans leurs villages, ces ouvriers qui, après avoir abandonné la bêche ou la charrue pour aller, dans les villes,
s'accroupir sur le métier, revenaient visiter leurs familles et opposer à la simplicité et à l'économie qui y ré-
gnaient, les apparences du luxe, de la vanité et d'une
supériorité souvent éphémères ?.... Dès vêtements plus
recherchés, quelques brillants colifichets, une tenue et
un langage prétentieux ont suffi pour humilier le cultivateur et lui persuader que sa condition était moins honorable et moins heureuse ; mais la perte de sa santé et
de sa liberté, le rétrécissement et parfois l'abrutissement de ses facultés comprimées dans un atelier méphi-
tique, et qui, auparavant, se dilataient au milieu des
champs, n'ont pas tardé à devenir la triste compensation
d'un accroissement factice de salaires que le désordre et
l'inconduite habituels aux ouvriers des grands centres
de population avaient, d'ailleurs, bien vite englouti.

En effet, il est à remarquer que ces derniers avec des
salaires élevés, hors de toute proportion avec ceux des
cultivateurs, manquent d'ordre et de prévoyance ; c'est
un fait que ne sauraient infirmer des exceptions même
nombreuses.

En général, l'ouvrier est insouciant de l'avenir ; il vit
au jour le jour, et l'augmentation de son salaire n'est
guère pour lui qu'une augmentation de sa dépense ; il a
une existence, en quelque sorte, fatidique. Point d'éco-
nomies préparées pour les jours mauvais ; et cependant
que de privations, que de souffrances il eût évitées à sa
famille et à lui-même avec de la bonne volonté et d'autres sentiments ? D'ailleurs, l'ouvrier qui paraît avoir
soif de liberté, en qui de funestes doctrines excitent

sans cesse l'esprit de défiance et de révolte contre tout supérieur et contre toute autorité, l'ouvrier vit lui-même dans un état volontaire, permanent et en quelque sorte mutuel de dépendance et d'esclavage. Les corporations, le compagnonage, les sociétés secrètes, politiques et autres, règlent et dominent ses actions et son existence tout entière, du moins tant que ses bras ou son intelligence ont quelque valeur; il se laisse facilement endoctriner par les promesses les plus absurdes : dès qu'il est affilié, enrégimenté, il suit aveuglément les instigations et les ordres qu'il reçoit; rien ne l'arrête, ni le sentiment de ses devoirs, ni son intérêt personnel, ni celui de sa famille qu'il compromet; un faux point d'honneur, la violence morale et, au besoin, la violence brutale que ses associés exercent sur lui, disposent arbitrairement de son temps, de ses facultés, de son argent, de sa conscience.

Ce qui le retient dans cet esclavage, quelque dur qu'il soit, ce qui l'en console ou même l'empêche d'en sentir l'odieux et la honte, c'est que lui-même exerce sa part de tyrannie sur les autres, et qu'en définitive leur condition est semblable à la sienne; de là, ces perturbations, ces grèves volontaires qui l'exposent lui et les siens à la gêne et au dénûment, souvent sous un prétexte frivole ou même sur un motif inconnu; plusieurs, sans doute, échappent à cet esclavage, mais l'exception ne saurait détruire la règle, elle la confirme. On conçoit aisément qu'au milieu de cet enseignement mutuel, de cette espèce de vie commune, les notions du vrai et du juste, les règles du devoir, la morale et les croyances religieuses qui en sont la seule base et l'unique sanction, doivent subir de graves atteintes. D'ailleurs, les divers gouvernements, tout en s'efforçant de satisfaire l'intérêt matériel des classes ouvrières, n'ont rien fait pour leur moralisation. Celles-ci, devenues immodérées dans leur cupidité, ont apporté une ardeur d'autant plus vive dans leurs aspirations à la liberté, qu'on leur a persuadé que c'était le moyen le plus sûr et le plus prompt de réaliser leurs utopies ; mais de la véritable liberté à la licence, le pas est bien vite franchi, surtout lorsque le frein moral est méconnu. Alors, les dynasties régnantes ont voulu, dans l'intérêt de leur conservation, lutter contre des prétentions dangereuses et réprimer des attaques imminentes ; mais elles se sont bornées à triompher momentanément par la force, elles n'ont point cherché à le faire, en même temps, par la persuasion et surtout par la moralisation ; dès-lors, les répressions ont engendré les antipathies, les haines, les complots de toute espèce, et ces gouvernements se sont vus successivement renversés par ceux-là même dont ils avaient le plus favorisé les intérêts matériels.

Aussi, lorsque les parrains, empressés de la nouvelle république, pour conquérir une funeste popularité, au risque de trôner sur les ruines et sur le sang de la France, ont osé proclamer une révolution sociale qui devait niveler toutes les conditions et toutes les existences (ce qui ne pouvait avoir lieu que par l'anéantissement de tous les droits acquis) les sympathies ne leur ont pas manqué : cesser tout travail et en recevoir néanmoins le salaire, se livrer à l'agitation et au désordre, rêver le partage ou plutôt le pillage de toutes les richesses de la France (lesquelles eussent été bien vite épuisées ou anihilées), tel a été, dans les grands centres de population, à Paris surtout, l'esprit général des ouvriers : leurs tentatives qui ont ensanglanté et désolé Paris, celles qui ont eu lieu dans d'autres localités, ne laissent malheureusement aucun doute à cet égard. A la vérité, le gouvernement provisoire a largement contribué à ces perturbations : les prédications de l'un de ses membres, attrayantes pour les masses par le sujet même qu'elles traitaient, par une sorte d'éloquence et une modération apparente dans son exposition, fortifiées en même temps par l'influence et le prestige de l'autorité, ont produit sur les ouvriers de la capitale une véritable commotion électrique et ont eu dans toutes les villes manufacturières, à Lyon surtout, un immense retentissement. La formule de cette doctrine était à la fois nette et simple : garantie du travail manuel et intellectuel, diminution du temps à consacrer à ce travail et augmentation du salaire.... Mais quelle puissance, en Europe et dans le monde entier, pourrait jamais assurer, tout à la fois, les moyens de fabrication et d'écoulement indéfinis, à des prix exagérés (puisqu'ils ne seraient plus soumis à la concurrence nationale et étrangère) de toute espèce de marchandises, de travaux et de conceptions pour le commerce intérieur et extérieur, de terre et de mer, pour les beaux-arts, les lettres et les sciences, enfin pour toutes les productions que peut enfanter l'imagination de l'homme?....

On doit admettre que les auteurs d'un pareil système ont été momentanément frappés d'une sorte de vertige et d'aliénation mentale; ce sera là, sans doute, leur justification devant Dieu et devant les hommes d'une monstruosité , d'une provocation d'autant plus dangereuse qu'elle s'adressait à la force brutale, aux bras nus, alors qu'ils avaient les armes à la main et les agitaient au milieu des bouillonnements d'une révolution imprévue.

L'impossibilité évidente de donner satisfaction à des promesses aussi absurdes pouvait amener une nouvelle Jacquerie, sinon la guerre civile la plus atroce. Tout semblait, d'ailleurs, concorder dans le sein du gouvernement provisoire à cette funeste issue. Excitations de toutes sortes provoquées par ses agents, ses commissaires, par les circulaires émanées des ministères de l'instruction publique et de l'intérieur, par les fameux bulletins officiels et surtout par la création des clubs, puis par l'argent prodigué à ces prétendus ateliers nationaux dont le désordre, la paresse et l'abrutissement étaient tels qu'ils leur ont valu de l'indignation publique la qualification de *râteliers nationaux*, argent prodigué encore à des orgies civiques réitérées, pour des spectacles périodiques offerts gratuitement aux ouvriers parisiens, pour l'armement et la création permanente de sociétés illégales, organisées sous les dénominations les plus absurdes et dans un but aussi hostile à l'ordre qu'à la véritable liberté, etc.

En même temps, et pour accroître sa popularité et le nombre de ses partisans, le gouvernement provisoire menaçait ou attaquait l'inamovibilité de la magistrature et même la propriété des offices de notaires, d'avoués, greffiers, agents de change, etc., que les titulaires avaient eux-mêmes acquis à prix d'argent avec le droit de les transmettre de la même manière et sous l'égide de la loi.

Mais ces saturnales ont eu leurs conséquences naturelles et immédiates ; elles ont paralysé le commerce,
l'industrie, le crédit, la confiance publique, les travaux, tari, enfin, les sources principales de la richesse
nationale ; elles ont laissé, en outre, au sein des populations ouvrières, des germes de fermentation et d'agitation fébrile que les déceptions n'ont pu éteindre encore : le gouvernement actuel l'a si bien compris, qu'il
s'est hâté d'y appliquer, comme exutoire, le transfert
en Afrique de 13,000 familles d'ouvriers, acheté au
moyen d'une prime de plus de 60 millions, outre la dé-
portation des condamnés de juin : aujourd'hui encore de
nouveaux transferts ont lieu et sont réclamés par de
nombreux ouvriers de Paris et de Lyon.

Il a fallu, sans doute, que la nécessité impérieuse et
l'urgence d'une pareille mesure fussent bien évidentes,
car il en résultera pour la France, indépendamment de
ces sacrifices pécuniaires, une diminution préjudiciable
dans la masse de la population : en effet, tous les économistes s'accordent à reconnaître que le signe caractéristique de la prospérité d'une nation gît dans l'accroissement de sa population, surtout lorsque le sol suffit à
son alimentation. Or, la France se trouve tout-à-fait dans
cette condition ; les statistiques, précédemment men-
tionnées, sur l'étendue des terrains incultes ne laissent
aucun doute à ce sujet ; d'un autre côté, si les bras su-
rabondent dans les grandes villes, ils manquent évidemment dans les campagnes, dans les bourgades et même
dans les petites villes, et font défaut à l'agriculture.

En ce qui concerne l'exagération industrielle et manufacturière pratiquée depuis si longtemps par les divers

gouvernements et ses funestes résultats sur la crise actuelle, ils sont évidents et ne sauraient être sérieusement
contredits : ils se trouvent, d'ailleurs, constatés de la
manière la plus explicite dans un document officiel d'une
haute importance, le rapport de M. *Blanqui* (aîné), à
l'Académie sur la position des classes ouvrières en 1848,
qui réunit à un mérite incontestable de style et de lucidité, celui de l'apropos et, surtout, celui de l'impartialité : nous en reproduisons les extraits ci-après qui nous
ont paru se rattacher plus spécialement à notre sujet.

« Avant de soumettre au jugement du pays et de l'A-
» cadémie les faits les plus caractéristiques de la situa-
» tion actuelle des classes ouvrières en France, il convient
» d'exposer rapidement comment ces classes sont deve-
» nues, par un espèce de privilége, l'objet spécial des
» sympathies de nos économistes et de nos hommes d'é-
» tat, quoiqu'elles ne représentent qu'une faible partie
» de la grande famille des travailleurs. Ce serait com-
» mettre une grave erreur que de confondre dans le
» même examen ce qui est relatif aux ouvriers des villes
» et à ceux des campagnes, etc. Les économistes
» avaient prévu depuis longtemps ces crises redoutables
» (des manufactures), et M. de Sismondi poussait le
» premier cri d'alarme, il y a près de 30 ans, bien avant
» que le système manufacturier eût pris les développe-
» ments extraordinaires qui frappent aujourd'hui tous
» les regards. Il avait exposé avec beaucoup d'éloquence
» les inconvénients de ce système ; mais il ne concluait
» pas, et son beau livre n'a conservé qu'une grande va-
» leur de critique, rien de plus, etc. Au premier rang
» des causes qui lui ont imprimé ce caractère de gran-

» deur et d'importance, il faut placer la longue durée de
» la paix et la persistance aveugle des gouvernements à
» conserver presque intacte une législation économique
» faite pour d'autres temps. La production manufacturiè-
» re a été encouragée partout sur une échelle immense,
» partout protégée par des droits prohibitifs ; l'appât
» trompeur du bénéfice a fait croître sans cesse le nom-
» bre de ces usines qui se nuisaient par leur concurrence
» même et qui, plus tard, demandaient au salaire les
» sacrifices devenus nécessaires pour assurer quelques
» profits au capital. Trop souvent aussi, séduits eux-
» mêmes par l'élévation temporaire des salaires, les ou-
» vriers des champs se sont précipités dans les villes.

« De temps immémorial, l'esprit d'opposition et d'in-
» dépendance avait développé l'énergie du caractère et
» l'intelligence naturelle des populations ouvrières. Ces
» populations, habituées à prendre une part active aux
» luttes politiques, s'étaient nourries, depuis quelques
» années, de doctrines nouvelles, répandues avec persé-
» vérance par des écoles d'origine et de tendance très
» diverses que l'on confondait sous le nom de socialistes
» et qui n'avaient de commun entr'elles qu'un même
» sentiment de haine contre la société, etc. Bientôt ces
» doctrines hardies eurent leurs tribunes et leurs jour-
» naux, et les ouvriers sortirent définitivement de la po-
» litique pour se jeter dans l'arène des questions socia-
» les. On vit apparaître une suite de formules ambitieu-
» ses et dogmatiques, telles que l'exploitation du travail-
» leur par le capital, l'égalité du salaire, le droit d'asso-
» ciation, le droit au travail, et une foule d'autres maxi-
» mes qui avaient le mérite d'être d'une simplicité ex-

» trême pour des hommes naïfs et de ressembler à des
» apophthegmes religieux. Ces formules furent, plus
» tard, inscrites sur des drapaux sanglants et obtinrent
» l'honneur d'être développées officiellement dans une
» enceinte, jadis consacrée à des débats plus calmes ;
» mais elles n'étaient encore qu'à l'état de théorie lors-
» que la révolution du 24 février éclata. Quelques uns
» des hommes qui ont dirigé les premiers pas de cette
» révolution ne craignirent pas d'annoncer au monde
» étonné qu'elle avait pour but de changer complètement
» les bases sur lesquelles la Société repose, ainsi que les
» lois organiques du travail. Leur armée se composait
» surtout des ouvriers des grandes villes dont la soudaine
» insurrection avait mis fin au régime qui venait de tom-
» ber et qui attendaient impatiemment la réalisation des
» promesses décevantes qu'on leur avait faites, etc. Les
» ouvriers, livrés à toutes les suggestions de l'esprit de
» parti, n'ont cessé de vivre dans la triste espérance que
» c'était par la force seule qu'ils pourraient améliorer
» leur sort et résoudre les questions économiques qui s'y
» rattachent, etc.

» Il s'est trouvé des hommes qui leur ont prêché l'é-
» galité des salaires, le partage des biens, la solidarité
» indéfinie, la spoliation, enfin, sous toutes sortes de
» formes décevantes et hypocrites. Ils se sont imaginé
» qu'il appartenait au gouvernement de décréter le travail
» et l'abondance comme la guerre ou les impôts. Puis,
» devenus le gouvernement, eux-mêmes, ils ont voulu
» mettre en pratique les extravagances de l'orgueil hu-
» main, et notre siècle a vu ce que nul autre ne verra
» plus sans doute, après une aussi humiliante épreuve,

» tout un peuple licencié au nom du travail et l'impôt
» chargé de fournir une liste civile à des millions de dé-
» sœuvrés, au moment où toutes ses sources venaient
» de tarir, etc. »

« La création des ateliers nationaux occupera une
» place spéciale dans le long catalogue des saturnales
» économiques de l'année 1848, nulle mesure révolu-
» tionnaire n'a été plus funeste aux intérêts de l'indus-
» trie et à la moralité des classes ouvrières; Ces ateliers
» ouverts à l'indiscipline sont devenus le refuge de tous
» les perturbateurs, etc. Le travail y était devenu un ob-
» jet de railleries perpétuelles et l'on eût dit à voir ces
» nombreuses troupes de Lazzaroni errants dans nos
» faubourgs que les grandes cités de la France étaient
» tombées au pouvoir d'une armée d'occupation vivant à
» ses dépens. Cette contagion a profondément perverti
» l'esprit des classes ouvrières en leur faisant croire
» qu'elles pourraient s'assurer par la menace et par l'oi-
» siveté une existence qui ne peut honorablement être
» obtenue que par le travail, etc.; elle a failli transformer
» le peuple de France en un peuple famélique et men-
» diant auquel il faudrait bientôt faire, comme jadis aux
» prolétaires de Rome, des distributions de pain et de
» vivres pour le tenir en respect. On retrouve presque
» dans tous les départements la trace vivante des lieux
» où ce triste météore a passé, etc.

« Je viens de parcourir d'une extrémité de la France
» à l'autre et de visiter avec une extrême impartialité
» d'ame nos grands foyers industriels naguère si floris-
» sants aujourd'hui si désolés. Si c'est par leur application
» qu'on doit juger de la valeur des doctrines, la France

» a bien fait de se borner au premier essai de celles
» qu'on prétendait lui imposer. Ce simple essai sur
» quelques points, la peur qu'on en a eue sur tous les
» autres, ont suffi pour produire une perturbation plus
» profonde que celle qui a suivi la double invasion de
» 1814 et de 1815. On ne saurait l'évaluer à une perte
» moindre de *dix millards*, et personne n'oserait dire où
» la ruine se serait arrêtée si le pays indigné n'en avait
» tressailli jusque dans ses entrailles et n'avait, de sa
» puissante main, arraché à l'industrie cette ceinture de
» Nessus, etc. »

Cette enquête, remarquable sous tous les rapports,
offre, comme on le voit, des détails multipliés et palpi-
tants d'intérêt et de vérité: nous en reproduirons d'autres. Cette peinture, malheureusement si vraie, des ateliers nationaux donne lieu tout à la fois à des réflexions
affligeantes et à des appréhensions sérieuses sur l'avenir;
en effet, il est à remarquer que ces odieux principes
émanaient du pouvoir lui-même et étaient, en outre, hautement encouragés et professés par les chefs et direc-
teurs de ces ateliers; que dès lors ils ont reçu une espèce de consécration aux yeux, surtout, de ces ouvriers
déjà préparés et naturellement enclins à se les appro-
prier; c'est là ce qui explique l'insistance qu'ils apportent
à en demander l'application.

Nous n'avons rencontré à cet égard qu'une seule exception : elle nous a paru si remarquable par la forme,
par le fond, par la date et par le lieu même de sa manifestation, que nous avons cru devoir la signaler: c'est
une adresse aux ouvriers lyonnais, publiée en mars 1848

à plusieurs milliers d'exemplaires, par M. Jules Seguin, directeur des chantiers de Choulans.

Nous en donnons l'extrait ci-après, bien moins pour justifier notre appréciation que comme enseignement utile sur la nécessité et la nature des conseils à adresser à ces classes dignes d'intérêt sous tous les rapports ; car elles sont égarées, tout à la fois, par les coupables instigations de ceux qui les poussent sciemment au désordre et par les flatteries méticuleuses de ceux qui, tout en voulant maintenir l'ordre parce qu'ils y sont matériellement intéressés, recherchent bassement une popularité coupable et ne craignent pas, en vue des diverses élections, de transiger, en apparence, sur certains principes immuables de leur nature. Or, ces concessions sont d'autant plus dangereuses qu'en pareil cas l'ouvrier est toujours porté à supposer qu'on ne lui dit pas tout.

« Il faut, mes amis, vous résigner à travailler sous la
» République comme sous la monarchie ; jamais les ri-
» ches ne pourront nourrir les pauvres, ni les maîtres les
» ouvriers ; si personne ne labourait, nous mourrions
» tous de faim ; sans maçons, il faudrait coucher à la rue ;
» nous irions nus sans les tisserands. Tenez-le pour cer-
» tain, tout l'argent de la France ne suffirait pas pour
» vous nourrir, loger et habiller, sans rien faire, pen-
» dant six mois seulement, etc.

» Permettez-moi de vous observer ici, mes amis, com-
» bien serait funeste à l'accroissement de la richesse na-
» tionale, l'application des théories tendant à la destruc-
» tion plus ou moins immédiate du droit de propriété.
» Si l'homme qui fait une économie sur son salaire ne
» pouvait en retirer aucun avantage, il cesserait d'être

» économe; qui voudrait améliorer son champ s'il n'était
» pas sûr de profiter de la plus-value? Qui bâtirait une
» maison s'il ne devait l'habiter ou la louer? Qui aug-
» menterait son capital s'il ne pouvait en tirer aucun
» parti ni le transmettre à ses enfants? L'impôt ne doit
» pas seulement aider à répartir la richesse publique, il
» doit aussi tendre à moraliser une nation, etc.

» *L'habitude de fumer, de fréquenter les cafés, les ca-*
» *barets, le jeu, le luxe exagéré, n'entraînent rien de*
» *bon; il faudra les frapper vigoureusement par l'impôt*
» *et le supprimer pour le sel, la viande, le vin bu à do-*
» *micile.* C'est en formulant en bonnes lois, cet aperçu
» que vous obtiendrez le but appelé de vos vœux légiti-
» mes, l'amélioration matérielle en même temps qu'in-
» tellectuelle des classes laborieuses, *que vous ferez des-*
» *cendre les préceptes du christianisme de l'ordre moral*
» *à l'ordre matériel,* etc.

» Ouvriers lyonnais, l'avenir vous appartient, prenez
» patience, supportez avec résignation des privations
» passagères, aidez-nous à rétablir la confiance, le tra-
» vail. Croyez-moi, rentrez immédiatement dans vos
» chantiers ; *revenez au travail sans condition,* etc. »

Mais ces vérités n'ont pas été entendues, bien qu'elles
leur aient été exprimées par une voix sympathique, et
sous une forme éminemment claire et simple; d'une
part, cette voix s'est trouvée isolée ; car, on le répète,
personne autre alors, dans une position analogue, du
moins, n'a eu ce courage civique qui, même au péril de
la vie, sacrifie ainsi la popularité au devoir; d'un autre
côté, l'ouvrier a reçu l'ordre, la consigne de ne lire, de
n'admettre que certains enseignements qui lui sont impo-

sés, et qui ont pour but de flatter les passions, de fomenter l'envie, la haine et les mauvais sentiments, et de détruire même tout patriotisme.

Après avoir démontré, quant à la classe ouvrière, les résultats du système industriel et manufacturier exagéré, l'auteur s'est efforcé d'apprécier avec la même impartialité l'effet qu'il a produit sur les autres.

2ᵐᵉ *Catégorie.* — *Des fabricants, des négociants, des financiers et des spéculateurs, en général.*

Déjà on a dû remarquer que, depuis longtemps, les divers gouvernements de la France s'étaient efforcés d'imprimer un essor sans mesure à la fabrication, à l'industrie, et, par suite, à la spéculation : les économistes les plus distingués s'accordent à l'attester comme à le déplorer ; nous ne tarderons pas à ajouter d'autres documents à ceux que nous avons produits.

Cet élan s'est accru progressivement, et avec une intensité d'autant plus grande, pendant 33 ans, d'une paix générale non interrompue : sous le dernier gouvernement, surtout, il a été porté à ses dernières limites ; il semblait avoir adopté pour système de satisfaire les intérêts matériels de la classe la plus active de la nation, afin de l'attacher à sa conservation ; cependant, quel appui, quel témoignage de sympathie en a-t-il reçu lors de sa chute ? L'abandon et le délaissement le plus complet ont été l'expression uniforme des sentiments de cette classe. Au reste, la cupidité et l'égoïsme ne pratiquent pas la reconnaissance. Quoi qu'il en soit, ce système a eu pour conséquence d'exciter simultanément le goût du luxe, de la vanité et la soif de l'or ; nul n'a plus voulu attendre, ou rechercher, la fortune au prix de l'économie, du travail, du temps, d'une entreprise ou d'un négoce positifs, consciencieux, mais dont les bénéfices étaient restreints ; des spéculations hasardeuses, immodérées, hors de toute proportion avec les facultés et la responsabilité de leurs auteurs, ont surgi de toutes parts. Puis , le charlatanisme et souvent la fourberie se sont introduits dans la fabrication, par l'altération des matières premières, dans la vente, par l'exagération du prix , eu égard à la mauvaise qualité déguisée à l'acheteur ; mais le désir ardent de fortune rapide et à tout prix ne s'est pas borné au commerce ; la spéculation et l'agiotage le plus effréné ont envahi, infesté toutes les industries, puis la banque, la finance, les fonctions les plus graves, jusqu'à la littérature et aux beaux-arts.

Ainsi, des agents de change , au lieu de rester intermédiaires entre le vendeur et l'acheteur, sont devenus fréquemment spéculateurs pour leur propre compte ; des receveurs généraux, au lieu de concentrer leurs opérations dans leur département et dans leurs comptes ouverts avec le trésor, se sont livrés aux jeux de bourse, aux spéculations sur les actions industrielles et ont compromis les fonds qui leur avaient été confiés. Ces écarts ont été constatés à diverses reprises par de funestes embarras pécuniaires et même par des faillites.

Le notariat, cette profession honorable, modeste et en même temps si importante pour le public , cette magistrature volontaire dont les conditions essentielles sont la réserve, la discrétion et la défiance unies à la probité et à la délicatesse, n'a pu échapper entièrement à cette lèpre funeste ; de honteuses banqueroutes, des catastrophes déplorables sont venues l'attester. Toutefois, l'impartialité nous fait un devoir de reconnaître que ce sont de minimes exceptions, quelques fâcheuses qu'elles soient, quand on les compare avec le grand nombre de ces fonctionnaires qui existent dans la France (5 ou 6 par chaque canton).

N'a-t-il pas été établi par des indiscrétions de la presse et même par des instances judiciaires que des conceptions littéraires, des œuvres d'imagination, des poésies mêmes, ont été, en quelque sorte, mises à l'enchère, ou vendues sur prospectus avant d'être créées ? Ne sait-on pas que des écrivains, dont la réputation était faite, se sont livrés à de honteux trafics en consentant, à prix d'argent, à apposer leur nom et leur signature à des ouvrages dont ils n'étaient pas les auteurs, à l'effet d'en procurer la vente ?

Le goût du jeu sur les fonds publics, qui, déjà, avait été imprudemment éveillé sous la restauration et notamment sous le ministère Villèle, est devenu, sous le dernier gouvernement, une passion effrénée. Bientôt les fonds publics, eux mêmes, n'ont plus suffi à son alimentation; tout a été occasion, ou prétexte, de jeu et de pari; les actions industrielles de toute espèce, sur les houilles, sur les minerais, les asphaltes, les hauts-fourneaux, sur les chemins de fer surtout, et même des promesses d'actions sur des industries qui n'ont jamais existé qu'en projet et pour extorquer l'argent des joueurs effrénés. Les marchandises et productions de toute nature, de l'ancien comme du nouveau monde, ont été l'objet de marchés fictifs, dits à terme, où l'acheteur, pas plus que le vendeur, ne comptait sur la livraison, et dont le résultat était une différence à solder, ou à recevoir, suivant les deux cotes comparatives du jour du pari et de celui de la livraison simulée.

Souvent cet agiotage a dégénéré en friponnerie. Ainsi, on s'est efforcé de pénétrer les secrets de la politique pour vendre ou acheter à propos, et même de dominer le hasard et les événements en répandant de fausses nouvelles afin de déterminer, à point nommé, la hausse ou la baisse : à cet effet, les ruses et les machinations de toute espèce, la surprise et même la corruption exercées sur les agents du pouvoir, les correspondances les plus rapides entre les Bourses des diverses villes, organisées par des moyens extraordinaires et des messagers aériens, tout a été mis en œuvre pour jouer à coup sûr et réaliser ainsi des bénéfices illicites. Aussi, que de perturbations dans des fortunes, auparavant aisées ou modestes, qui, tout-à-coup, sont devenues colossales ou ont été englouties, ces dernières pour se relever encore et les premières pour disparaître à leur tour? Que de banqueroutes imprévues dont les éclaboussures ont rejailli sur des prêteurs ou des dépositaires trop confiants? Ces faillites, elles-mêmes, n'ont-elles pas été, parfois, l'objet de la plus honteuse spéculation? Ainsi, ne sait-on pas que plusieurs ont été simulées pour arracher des sacrifices aux créanciers et qu'après l'accomplissement des formalités légales, des entreprises commerciales ou industrielles qui paraissaient anéanties, reprenaient un nouvel essor, sous des noms à peine déguisés et avec un accroissement scandaleux de luxe et d'ostentation? Mais cette soif insatiable de l'or et des distinctions sociales n'a pas tardé à porter ses fruits : la corruption a envahi et souillé presque tous les rouages de l'administration et jusqu'aux fonctions les plus éminentes. La notoriété publique, à cet égard, n'est pas incertaine ; il suffit d'opposer à tout reproche d'exagération le souvenir des marchés honteux et des turpitudes, dont la presse, les tribunaux, les cours d'assises, la chambre des députés et la cour des pairs elle-même, ont trop souvent retenti et qui ont anéanti la réputation et l'honneur des personnages les plus haut placés, de généraux, de ministres, etc.

Sans doute les désordres et les scandales ne se sont pas bornés là ; cet écrit ne saurait les contenir tous : il en est de même des résultats, précédemment indiqués, du système commercial et industriel exagéré, en ce qui concerne les classes ouvrières. Mais s'en suit-il que le commerce, la spéculation et l'industrie doivent être anéantis ou même privés d'assistance et de protection ? Non, sans doute ; se serait une absurdité, une folie, un crime : seulement cette assistance ne devrait être accordée qu'avec discernement et intelligence, dans les conditions et suivant les nécessités du temps présent et non plus d'après les prévisions et les entraînements d'une époque encore récente, où le luxe, sous toutes les formes et dans toutes les classes, était devenu la préoccupation universelle ; car ce luxe a reçu et reçoit encore de graves atteintes des diverses calamités publiques et privées : il ne renaîtra que lorsque celles-ci auront disparu et que l'effet aura cessé de s'en faire sentir. Mais à quelle époque et dans qu'elles conditions reparaîtra-t-il ! Quelle influence aura exercé sur lui, comme sur l'état des mœurs, la nouvelle situation politique?... Quel que soit la réponse que l'avenir réserve à ces questions ; il est évident que les perturbations qui ont lieu actuellement dans presque toute l'Europe et qui menacent les autres parties du monde, compriment le luxe, et s'opposent à la vente ou à l'échange de ces innombrables superfluités que créent le goût, le caprice, la mode et que la France, Paris surtout, exportait à l'étranger.

Le rapport officiel de M. Blanqui à l'Académie établit, comme on l'a vu, de la manière la plus positive les embarras et les conséquences funestes de cette incessante fabrication à laquelle le pays a été poussé. Aussi, au milieu des investigations et des détails qu'il multiplie sur les déboires et les maux que ce système occasionne aujourd'hui aux classes ouvrières, il s'écrie : *C'est le vice organique de tout notre système manufacturier : produire sans certitude de débouchés, naviguer sans boussole, marcher sans savoir où l'on va et ne pouvoir s'arrêter sans danger, quelle perspective !*

Ces considérations doivent suffire pour faire refuser aux industries de cette nature des encouragements qui auraient un double inconvénient : d'une part, l'écoulement de leurs produits étant arrêté ou gravement compromis, ce serait exposer le trésor public, déjà obéré, à des pertes sans compensations ; d'un autre côté, ce serait une prime illusoire et décevante offerte à des entrepreneurs et à des ouvriers qui, sans elle, chercheraient de suite et trouveraient ailleurs un emploi utile de leurs capitaux, de leurs intelligences et de leurs bras.

L'appui du gouvernement doit donc être restreint aux industries d'une utilité réelle : c'est là, d'ailleurs, un enseignement de tous les temps comme de tous les pays, fondé sur le bon sens, sur l'expérience et sur l'autorité des économistes anciens et modernes.

Il est regrettable que l'Assemblée nationale se soit, à diverses reprises, écartée de cette règle de conduite : c'est une faute à laquelle elle a, sans doute, été entraînée par de fâcheux antécédents et par la situation critique du pays.

Or, l'industrie agricole est incontestablement la plus utile de toutes les industries ; elle en est en même temps la plus morale. C'est là une vérité sur laquelle nous ne saurions trop insister parce qu'elle a été depuis longtemps mise en oubli au détriment de l'intérêt et de la morale publics : l'enquête officielle de l'Académie le constate, en quelque sorte, à chaque pas : les extraits ci-après ne laissent aucun doute à ce sujet :

« Nous n'avons cessé, depuis la paix de 1815, de pro-
» diguer les encouragements à l'industrie manufactu-
» rière et nous avons paru oublier qu'à l'aide de notre
» agriculture et de notre commerce, nous pouvions vi-
» vre d'une vie moins factice et moins orageuse, etc.

» Les brillants résultats obtenus à l'aide des sacrifices
» imposés à la nation ont fait place aujourd'hui à des
» problèmes redoutables qu'il faudra bien résoudre tôt
» ou tard, car ils inquiètent la société tout entière, etc.

» Le département du Nord, peuplé d'un million d'ha-
» bitants, présente le spectacle le plus saisissant des
» misères de notre état social, tel qu'il s'est transformé
» peu à peu, depuis un demi-siècle, sous l'influence du
» règne manufacturier et des vicissitudes industrielles
» qui en ont été la conséquence. Rien n'a pu le sauver

5

» des atteintes fatales de cette lèpre qui mine, sous le
» nom de paupérisme, tous les pays de travail organisés
» en grands ateliers, etc.

» La protection de l'Etat et des douanes ne leur a pas
» manqué, et ces usines étaient à peine nées qu'elles
» succombaient déjà de toutes parts. Elles ne faisaient,
» d'ailleurs, que déplacer le travail de la campagne pour
» l'attirer dans les villes, et accroître ainsi la somme de
» misères inhérentes aux vastes agglomérations d'hom-
» mes, etc.

» La Normandie a longtemps figuré au rang des plus
» opulentes provinces de France par son agriculture et
» par son commerce. L'industrie ne s'y est établie sur
» une grande échelle que depuis le commencement de
» ce siècle, et si bien combinée avec l'agriculture et le
» commerce qu'elle paraissait assise pour jamais sur ces
» bases solides, etc.

» Comment se fait-il que nous ayons à enregistrer au-
» jourd'hui d'aussi graves mécomptes et à constater les
» plus poignantes misères dans un pays destiné par ex-
» cellence à la richesse ? Les causes de ce contraste sont
» de deux natures : l'excès du développement manufac-
» turier et le déclassement de population qui en a été la
» suite. Le tiers des habitants de la Seine-Inférieure est
» attaché directement ou indirectement aux manufactu-
» res de laine et de coton, et il a changé, peu à peu, for-
» cément, le travail régulier de la vie des champs contre
» le salaire incertain et décroissant de la vie de l'ate-
» lier, etc.

« A l'exception de quelques milliers de familles entassées
» à Rouen dans les quartiers les plus malsains de la ville,

» la plupart des fileurs et des tisserands de l'industrie
» cotonière habitent la campagne, et quoiqu'ils y reçoi-
» vent des salaires moins considérables, ils vivent d'une
» vie plus heureuse et plus régulière que les ouvriers des
» cités, etc. Ainsi, les travailleurs de la campagne et du
» foyer domestique comptent 70 mille personnes de
» plus que ceux de la ville et des métiers réunis, et ils
» touchent environ 6 millions de francs de moins par
» année. Les premiers ne se plaignent jamais, ne se ré-
» voltent jamais, les autres sont toujours les premiers sur
» la brèche du désordre et de la sédition, etc.

» Les ouvriers de Louviers, presque tous propriétaires
» d'un petit champ, plus doux, plus éclairés, plus paisi-
» bles que ceux d'Elbœuf, ont conservé quelque chose
» des traditions pastorales de l'agriculture, et ils se dis-
» tinguent de leurs voisins par plusieurs traits de supé-
» riorité morale. Leurs délassements sont d'une nature
» plus délicate et la famille y joue un rôle plus important
» que parmi les ouvriers d'Elbœuf ; ils sont moins avides
» de lectures et de nouvelles excitantes; ils surveillent
» d'avantage leurs enfants ; et l'on peut affirmer, sans
» blesser aucune susceptibilité respectable, qu'ils l'em-
» portent sur les autres classes de travailleurs de cette
» partie de la Normandie par la douceur de leurs mœurs
» et la régularité de leurs habitudes, etc.

» Rien ne saurait donner une idée du trouble jeté
» dans les ateliers par les publications violentes des éner-
» gumènes sortis du sein des clubs, et qui ont infesté
» les localités les plus importantes de la Normandie.
» J'en ai la preuve écrite de plusieurs centaines de
» mains, à la suite de l'enquête où j'ai recueilli les vœux

» des ouvriers dans chaque fabrique ; et il m'est permis
» de dire que le poison ne saurait produire des effets
» plus prompts et plus funestes que ces feuilles heureu-
» sement éphémères , où les plus odieuses maximes
» étaient distribuées à vil prix aux heures des repas. Si
» le bon sens du peuple des campagnes n'avait échappé à
» cette contagion, c'en était fait pour longtemps de la
» richesse et du repos du pays, etc.

» Il suffit de se rappeler les titres abjects ou odieux
» de ces myriades de feuilles, heureusement éphémères,
» issus de la fermentation des esprits, pour se faire une
» idée de la fatale influence qu'elles ont dû exercer.
» Cette lèpre immonde n'a pas encore pénétré dans nos
» campagnes, dont les ouvriers semblent étrangers aux
» excès du peuple des villes, et repoussent, avec une
» énergie bien rassurante pour l'ordre social, les théo-
» ries hostiles à la propriété, etc.

» Les ouvriers Lyonnais feraient bien mieux de s'en-
» quérir des vraies causes du malaise de la fabrique, que
» de la réforme du genre humain. S'ils avaient mieux
» apprécié ces causes, on ne les aurait pas vu menacer
» l'industrie naissante des campagnes voisines, sous
» prétexte d'une concurrence qui est, *peut-être*, la
» seule ancre de salut qui leur reste. Au lieu d'attaquer
» leurs frères de la banlieue, ils auraient dû les imiter
» et se soustraire, par l'émigration, aux charges fiscales
» de l'octroi. Le mouvement de déclassement est trop
» prononcé désormais, pour qu'aucun obstacle puisse
» l'arrêter. C'est le commencement d'une métamor-
» phose qui deviendra bientôt la loi de salut de toutes
» nos industries; presque toutes les douleurs des classes

» ouvrières viennent de leur extrême agglomération dans
» les villes, où mille fléaux les attendent pour les déci-
» mer et les démoraliser sans relâche. Tout ce qui les ra-
» mène vers les champs les rend à elles-mêmes, au grand
» air, à la santé, à la propriété, à la tempérance, etc.

» Ces différences, si dignes d'attention, ne sont pas
» l'effet du hasard et confirment, par leur reproduction
» sur tous les points du territoire, l'existence d'une vé-
» ritable loi du progrès moral des populations. Au pre-
» mier rang des causes qui contribuent à favoriser le
» progrès, il faut placer la juste proportion qui existe en-
» tre le nombre des habitants et la quantité de terre
» destinée à les nourrir, la certitude du travail, la plus
» grande fixité du salaire, la plus grande latitude accordée
» à l'éducation des enfants et les habitudes de tempé-
» rance, d'ordre, d'économie qui en sont la consé-
» quence. L'agglomération extrême des populations dans
» les villes, l'insalubrité des logements, la contagion de
» l'exemple, les abus du régime manufacturier, l'in-
» certitude du travail, l'abandon des enfants, carac-
» térisent généralement les grands centres d'ateliers. »

Au reste, les produits de l'agriculture sont, pour le
commerce en général, un élément incessant d'activité
et de prospérité : c'est une artère qui ne cesse de battre,
une branche de spéculation que rien ne peut détruire,
ni le caprice de la mode, ni la guerre étrangère, ni
même les perturbations intérieures : plus le lait de cette
mère nourricière est abondant, plus il vivifie le commerce et l'industrie ; ses produits, d'ailleurs, ne se res-
treignent pas aux denrées alimentaires : ils fournissent
les matières premières d'une foule d'objets fabriqués,

adaptés aux besoins factices ou réels de l'homme et
qu'un transport un peu éloigné altérerait ou rendrait
trop coûteux : c'est un fait si notoire et si usuel que
tout développement en serait superflu. Mais il ne suit
pas de là que le commerce et l'industrie doivent être
sacrifiés à l'agriculture : elle-même a un besoin indispensable de leur concours pour transformer, écouler,
échanger et utiliser ses divers produits : le gouvernement doit donc s'efforcer de concilier l'intérêt de tous ;
car ce sont des sources de prospérité qui s'alimentent
réciproquement : ces vérités, si simples qu'elles en sont
banales, ont été si peu pratiquées sous les gouvernements
précédents que l'insistance apportée à les reproduire
serait, sans doute, excusable si elle n'était, d'ailleurs,
justifiée, comme on l'a vu, par les réclamations unanimes des hommes éclairés et impartiaux.

Divers moyens propres à secourir, tout à la fois, le
trésor public, les industries utiles, le commerce et le
crédit par la propriété et l'agriculture, seront indiqués
dans le chapitre suivant, spécial à ces dernières.

5me *Catégorie.* — *De la propriété et de l'agriculture.*

Cette classe a eu ses phases diverses ; sans doute,
l'historique en serait utile et intéressant ; mais le but et
les limites de cette œuvre ne permettent que des indi-
cations sommaires et générales.

Il est démontré aux yeux de tout homme éclairé et
impartial que la révolution de 89, séparée des utopies
funestes et des excès qui l'ont suivie, était éminemment
juste et utile, qu'elle a fait cesser des abus intolérables

et qu'elle a puissamment contribué à la prospérité de la France, à la culture et à la fécondation de son sol et, par suite, à l'accroissement de sa population.

Il a suffi, pour cela, de quelques mesures principales fort simples, réclamées, tout à la fois, par le bon sens, l'équité et les liens de la nature; depuis lors, elles sont devenues les bases principales, le pivot du droit public en France; les autres lois qui leur ont succédé n'en ont été que la conséquence nécessaire, inévitable; ces mesures fondamentales étaient:

L'abolition des droits féodaux qui avaient cessé d'être en rapport avec l'état des mœurs et de la civilisation et étaient devenus odieux depuis les turpitudes de la régence;

La répartition uniforme de l'impôt foncier entre tous les propriétaires sans exception;

L'égalité successorale dans les familles, sans distinction d'âge ni de sexe, c'est-à-dire l'abolition du droit d'aînesse.

Dès lors, le sol de la France qui, auparavant, se trouvait concentré entre les mains d'un petit nombre de propriétaires et qui, par conséquent, était peu productif et, pour la majeure partie, inculte, a continuellement tendu à se diviser: la progression a été telle, qu'en moins de 60 ans le chiffre des cotes foncières a été décuplé, et qu'en même temps le produit de ce même sol, sa valeur nominale et le nombre des constructions de toute espèce se sont accrus dans la même proportion. A la vérité, ce mouvement a été précipité par la confiscation des biens des émigrés et du clergé; mais cette odieuse spoliation a été réparée, en partie, sous la restauration par la loi de l'indemnité, loi qui fut tout à la fois équitable et politique : l'ignorance ou la mauvaise foi peuvent, seules, prétendre le contraire ; en effet, cette mesure a eu un résultat doublement avantageux : le premier, en amenant une solution conciliatrice, de fait et de droit, entre les acquéreurs, ou détenteurs des biens nationaux et leurs propriétaires primitifs ou leurs représentants ; le second, en faisant disparaître la défaveur notable qui, jusque là, n'avait cessé de peser sur cette nature de biens, défaveur qui, sans aucun doute, durerait encore si cette transaction n'avait eu lieu.

Quant au clergé, le traitement annuel qu'il reçoit ne représente qu'en partie l'usufruit des propriétés qui lui furent enlevées ; il a donc, indépendamment de toutes considérations politiques et religieuses, un droit incontestable à ce traitement et il ne pourrait en être privé sans une nouvelle iniquité.

Cette apréciation de certaines améliorations qu'a produites la révolution de 1789 n'est pas empreinte de l'esprit de parti : elle ne date pas d'aujourd'hui ; on la retrouve dans tous les ouvrages des économistes de ce siècle.

Les conséquences, funestes pour l'agriculture et la propriété, des longues guerres de la République et de l'Empire firent naître dans ces classes la lassitude et la désaffection. A cet égard, il suffit de rappeler quelques uns de ces reproches, à la fois amers et énergiques, qui étaient communément exprimés contre le despotisme impérial, savoir : qu'il ne considérait les conscrits que comme *de la chair à canon* ; qu'il voulait arracher à la France *son dernier homme et son dernier écu,* etc. Aussi, dès les premiers revers qu'éprouva le héros de cette glorieuse époque ; fut-il abandonné, à deux reprises différentes , sinon par ses soldats qu'il avait habitués aux dangers et à la victoire, du moins par cette partie de la nation qui en était alors, comme aujourd'hui, la plus nombreuse et la plus importante.

Sous la restauration , la propriété et l'agriculture ne purent profiter des avantages de la paix générale ; les deux invasions , les indemnités et contributions qui en furent la suite, pesèrent principalement sur elles ; d'un autre côté, l'exagération, précédemment signalée du système industriel et financier, les priva, tout à la fois, de bras, de capitaux et de toute espèce d'appui de la part du gouvernement : celui qui lui a succédé , entraîné, d'ailleurs, par ces antécédents, a encore enchéri sur ce déplorable système. C'est là une situation que constate implicitement l'enquête officielle envisagée dans ses détails comme dans son ensemble et en dehors de toute préoccupation politique. Les divers extraits que nous en avons donnés ne laissent aucun doute à cet égard; nous y joindrons seulement un fragment d'une brochure qui a précédé cette enquête et qui, par conséquent , n'a pu en recevoir aucune influence; elle est, par sa nature et par son esprit, étrangère à toute prévention politique. Outre qu'elle résume succinctement l'état ancien et nouveau de l'agriculture, cette publication nous paraît avoir un mérite incontestable d'utilité et d'actualité en ce qu'elle indique des moyens pratiques d'améliorations ; elle a été, d'ailleurs, reproduite par divers journaux de la province et de Lyon; quant à la presse parisienne, elle ne semble pas comprendre , ou bien elle dédaigne ces questions, lorsqu'elle ne les repousse pas comme attentatoires

à la centralisation exc ssive dont elle profite. Cette brochure, qui date de 1848 , a pour titre : *Considérations
sur le meilleur emploi des communaux*, par M. Guillemot, de la société d'agriculture de l'Ain, et débute ainsi:

« Tous les gouvernements qui se sont succédé en
» France, depuis Colbert, ont suivi le système d'impri-
» mer un grand essor à l'industrie et de laisser l'agricul-
» ture à ses propres forces. Après deux siècles d'un ré-
» gime favorable, la grande industrie n'a pu s'acclimater
» et acquérir cette force de constitution qui brave les
» contre-temps et n'exige plus ni soins ni dépenses pour
» prospérer. L'agriculture, au contraire, vigoureuse,
» comme une plante indigène, quoique négligée, a long-
» temps soutenu la famille et nourri sa sœur cadette,
» l'enfant gâté de la maison. Mais enfin, toujours sur-
» chargée et sacrifiée, sans recevoir les améliorations et
» les soulagements qu'elle réclame depuis si longtemps,
» l'agriculture est tombée dans un état d'épuisement
» qui exige un autre régime. Il faut revenir aux idées de
» Sully. La France, essentiellement agricole, tire toute
» sa force de la terre. En détournant les bras de ses en-
» fants au profit d'une industrie excessive, on a créé tous
» les périls et toutes les calamités de la situation
» actuelle.

» A ce point de vue, la question dite *des travailleurs,*
» est une question agricole.

» Il importe grandement de rendre à l'agriculture les
» bras qu'on lui a si imprudemment enlevés. De grands
» travaux d'amélioration doivent être décrétés. Le reboi-
» sement des pentes, le desséchement des marais, le
» défrichement des landes et des friches, l'endiguement

» pour contenir les eaux des fleuves, les canaux pour les
» diriger dans nos plaines arides, la création de petites
» colonies agricoles peuvent remédier au mal actuel ; de
» bonnes lois qui organiseront le *crédit foncier* et qui
» fixeront dans les campagnes les prolétaires, doivent
» préserver l'avenir. Parmi ces mesures salutaires, la
» mise en culture des pâturages communaux au profit
» des classes rurales les plus pauvres, figure en premier
» ordre. L'ex-ministre de l'agriculture et M. de Champ-
» vans, représentant de l'Ain, ont pris l'initiative de
» cette importante loi dans l'Assemblée nationale. »

Le dernier gouvernement, au lieu de demander à une
meilleure culture du sol et à de nombreux défrichements
des garanties contre une disette, a fait venir à grands frais
des blés étrangers et en a ensuite favorisé l'importation
outre mesure et indéfiniment : sans doute, il convient,
et c'est un devoir d'humanité, de faciliter l'alimentation
des classes les moins aisées, mais il faut le faire avec cir-
conspection, de manière à concilier les besoins du pro-
ducteur et ceux du consommateur, sans quoi il y a injustice, et bientôt perturbation. Dans un état, toutes les
souffrances sont solidaires et sympathiques : ainsi, aujourd'hui, le numéraire manque en France : il y a considérablement diminué, comme on le verra plus loin, par
suite de ces achats de blés étrangers qu'ont nécessités les
deux disettes de 1817 et de 1846, achats qui, à cette dernière époque, ont été imprévoyants et immodérés : maintenant l'avilissement du prix des récoltes occasionne à
à la propriété et à l'agriculture des préjudices énormes
dont le commerce et l'industrie supportent nécessairement le contre-coup par la diminution des dépenses de

luxe et la suppression des commandes et travaux de toute nature, d'autant plus que l'état d'agitation dans lequel se trouve l'Europe paralyse le commerce extérieur.

Décentralisation.

La propriété et l'agriculture ont souffert et souffrent encore particulièrement de cette centralisation excessive que l'empire avait si despotiquement organisée, qu'il a léguée aux deux royautés qui lui ont succédé et que la république actuelle a conservée jusqu'ici dans son intégrité et avec une jalousie extrême ; ne semble-t-il pas que chacun de ces gouvernements se soit efforcé d'accroître cette concentration, au détriment des intérêts locaux et particuliers, non pas pour mieux administrer, mais bien pour dominer avec plus de force et de sécurité? Aussi, qu'en est-il résulté? sinon que, depuis un demi siècle, l'administration des intérêts communaux et départementaux est dans un état de souffrance déplorable, que la vie propre des localités est éteinte ; et que d'un autre côté, la France accepte et supporte patiemment, humblement, le contre-coup de toutes les perturbations et, en quelque sorte, de toutes les fantaisies de sa capitale.

Mais les provinces commencent à se lasser de ce despotisme, et il est probable qu'elles ne tarderont pas à obtenir la cessation de cet abus si nuisible à leurs intérêts et sans profit pour le bien public : si déjà, elles ont évité l'effroyable tempête que Paris a subie en juin, c'est que, d'une part, elles possèdent des éléments d'ordre et de conservation plus puissants que la capitale, et que, d'un autre côté, la lumière commence à se faire. Les provinces, d'ailleurs, n'entendent point porter atteinte au principe de l'unité nationale et, par conséquent, à la centralisation gouvernementale et politique : elles ne réclament que la décentralisation administrative, la cessation du despotisme bureaucratique.

Les plaintes des conseils municipaux et généraux à ce sujet n'ont cessé de se produire à toutes les époques. Cette question a été traitée avec une supériorité remarquable dans le sein du conseil général de la Gironde par son rapporteur, M. Princeteau ; lui-même, pour donner plus de poids à son opinion, a rappelé celle émise antérieurement par Henri Fonfrède, et qui nous a paru si frappante de vérité et d'actualité, malgré le temps qui s'est écoulé depuis lors, que nous avons cru devoir en reproduire ici une partie :

« Je désire, disait cet illustre publiciste, le change-
» ment d'un système dans lequel les intérêts locaux des
» extrémités de la France sont soignés, jugés, surveillés,
» garrottés par une administration trop éloignée et trop
» étrangère aux localités pour savoir ce qui leur convient
» ou ne leur convient pas. Je trouve pitoyables la perte
» de temps et la sujétion qui en résultent ; de sorte que
» les projets les plus utiles sont gâtés ou approuvés seu-
» lement quand il n'est plus temps de les exécuter, ce
» qui dégoûte fort souvent les intéressés d'en faire la
» proposition.

» Je trouve humiliant pour les citoyens des départe-
» ments de dépendre des volontés parisiennes et souvent
» d'une intrigue de bureau à laquelle il leur est impos-
» sible de rien comprendre ou de rien opposer. Je dis

» que cette idée, qui perpétuellement les assiége, que
» leurs réclamations seront accueillies suivant le plus ou
» le moins de protection qu'ils pourront se procurer dans
» les bureaux de la capitale, les humilie et leur ôte cet
» esprit d'indépendance, de juste et fière indépendance
» qui doit animer tous les citoyens d'un état libre. J'ajoute
» que cette dépendance des provinces envers la capitale,
» conséquente et naturelle sous l'empire, gouvernement
» absolu, est un contre-sens dans un gouvernement cons-
» titutionnel et représentatif...

» Je crois que l'habitude imprimée à la nation fran-
» çaise d'avoir toujours les yeux fixés sur la capitale,
» d'en recevoir les inspirations, d'en copier les opinions
» et les écarts, d'attendre par la poste, ou par le télé-
» graphe, le sort auquel il faut se soumettre, est une
» disposition d'esprit servile au dernier degré; que, loin
» de chercher à l'encourager et à l'étendre, ainsi qu'on
» le fait, le gouvernement devrait relever les provinces
» de cette minorité dégradante, leur adjuger la robe vi-
» rile et leur permettre enfin de penser, de parler, d'a-
» gir sans tutelle, au moins pour ce qui concerne leurs
» intérêts locaux.

» Sous le rapport politique, il est certain que l'Etat
» aurait alors plus de liberté, plus de dignité et surtout
» plus d'aplomb sur ses bases; car, si le gouvernement
» a la centralisation, la dépendance morale des provin-
» ces, l'état subordonné ou se trouvent réduits leur com-
» merce, leur agriculture, leurs finances, leurs travaux
» publics, les habituent à un tel état d'imitation, de fai-
» blesse, d'abnégation de leur propre jugement, que les
» factions ont aussi leur centralisation dont elles peuvent

» faire un usage dangereux contre l'ordre et la paix pu-
» bliques. Nous ne sommes plus exposés aux révolutions
» de palais, mais nous sommes exposés aux révolutions
» de capitales, ce qui peut être très fâcheux dans l'ave-
» venir, surtout si, *en maintenant le système industriel*
» *et financier qui nous dévore*, on accroît follement la
» prépondérance de Paris, comme on y paraît trop dis-
» posé. »

Le rédacteur du journal, le *Salut Public*, qui, dans
son numéro du 4 janvier, a reproduit cette opinion, y
ajoute les réflexions suivantes :

« Ce que disait si prophétiquement *Fonfrède* sous la
» monarchie, à combien plus forte raison ne l'aurait-il
» pas dit sous la République !

» La centralisation poussée à l'excès n'est autre chose,
» en effet, que le despotisme dans ce qu'il a de plus
» complet, de plus énervant pour un peuple et, partant,
» de plus démoralisateur.

» Ce serait donc une monstrueuse inconséquence que
» l'existence parallèle d'une complète liberté politique
» et d'un esclavage administratif, tel que la centralisation
» nous le fait. »

Tout commentaire serait superflu. D'ailleurs, cette
question inépuisable amènera plus loin d'autres détails.

Rentes sur l'État.

La spéculation et le commerce, sur l'appât d'un gros
bénéfice, courent volontiers les chances du hasard ; le
travail des champs, au contraire, ne réclame qu'une rémunération modeste, mais il la veut assurée.

L'agriculture, comme la propriété, sont, de leur nature, économes, persistantes et laborieuses, mais elles
ne procèdent qu'avec lenteur et timidité : pour améliorer leur position, elles auraient eu besoin de l'appui
des divers gouvernements; ceux-ci, comme on l'a vu,
n'ont rien fait pour encourager leurs efforts. La propriété
a été, sans cesse, accablée d'impôts, sans compensation :
chaque fois que l'Etat a éprouvé quelques besoins, même
pour des améliorations plus spécialement profitables au
commerce et à l'industrie, il n'a pas hésité à exiger du
sol les ressources nécessaires. Qu'on examine la com-
position des divers budgets et on verra d'où provient,
en définitive, la majeure partie des sommes énormes
dépensées, depuis quelques années, notamment, pour
les fortifications de Paris et de Lyon, pour les routes et
les canaux, pour les chemins de fer, etc. Si, par une
espèce de pudeur, ou plutôt, de supercherie financière,
on n'a pas augmenté le principal de la contribution foncière, ce n'a été que pour mieux exploiter cette branche
de revenus au moyen des centimes additionnels, de l'impôt extraordinaire, des prestations en nature et autres
charges : c'était, du reste, comme on l'a démontré, le
système suivi avec insistance par les gouvernements qui
se sont succédé en France depuis un demi siècle : celui qui a dirigé les premiers pas de la république, dont
il s'était fait le promoteur pour l'exploiter, a encore enchéri sur ce système : son impôt des 45 cent. et ses autres projets si absurdes qu'ils n'ont pu recevoir leur application n'admettent, à ce sujet, ni le doute ni la con-
tradiction.

A la vérité, les réformes financières offrent beaucoup

de difficultés ; elles exigent des études approfondies, car elles entrainent, par fois, des remaniements d'impôts : mais il est quelques améliorations qui n'ont pas cet inconvénient, qui, d'ailleurs, ont été déjà discutées et dont l'adoption n'a été repoussée, ou plutôt retardée, que par cet esprit d'agiotage, de cupidité et d'égoïsme qui s'était incarné sous le gouvernement précédent.

Au nombre de ces améliorations se trouve incontestablement le projet d'impôt sur les rentes de l'état : pris en considération par la chambre des députés, depuis plusieurs années, ce projet dont l'équité et l'utilité avaient été reconnues, est resté indéfiniment ajourné alors même que la situation des finances réclamerait, plus que jamais, une augmentation dans les recettes. Quels en sont les motifs ? De nouvelles considérations sur la question d'équité, auraient-elles surgi en raison de l'avènement de la république ? Mais, si le cours de la rente a eu, depuis lors, des alternatives de baisse, les véritables propriétaires, ceux qui n'en font pas un objet d'agiotage et de jeu, n'ont rien perdu, ils ont continué à toucher fort exactement la totalité de leurs sémestres : quant aux spéculateurs dont l'habitude et le métier consistent à gagner aujourd'hui, à perdre demain, ils n'ont fait que les continuer avec des chances diverses. La France s'inquiète peu, au fond, des résultats de ce jeu dont la cessation serait pour elle un bienfait, car il exerce évidemment une action démoralisante. En ce qui concerne les autres richesses mobilières et immobilières du pays, elles ont, comme la rente, subi une dépréciation considérable dans leur valeur nominale, et, de plus qu'elles, dans leurs produits. Peut être ceux qui dirigent les finances de l'état ne persistent-ils à continuer à la rente un privilége exorbitant, en la dispensant de toute espèce d'impôt, que pour faciliter de nouveaux emprunts? c'est là une voie funeste, l'un des dangers graves de la situation et contre lequel les économistes ne sauraient s'élever avec trop de force.

Hypothèques.

D'un autre côté, les propriétaires ont eu à supporter, ainsi qu'on l'a dit, les charges des longues guerres européennes et de deux invasions successives ; ils ont, en outre, suppléé à l'impôt du sang par les remplacements militaires, souvent inutiles, et aux conditions les plus onéreuses.

A cette époque, le taux habituel de l'intérêt était excessif, usuraire. Ce n'est que depuis 1821, et dans certaines localités seulement, que les prêts hypothécaires ont été consentis au taux légal du 5 p. 0/0, outre les frais qui, pour un terme ordinaire de 5 ans, s'élevaient à environ 1 p. 0/0 par an.

Il est notoire, cependant, que le produit des immeubles n'a pas dépassé, terme moyen, le 3 p. 0/0 net de leur valeur nominale, et que le plus souvent il n'est arrivé qu'au 2 1/2 p. 0/0. Une différence aussi énorme entre le taux de l'intérêt pécuniaire et le revenu de la propriété, explique l'accroissement progressif des hypothèques au milieu des phases les plus diverses et souvent les plus opposées.

Ainsi, tantôt des emprunteurs, entraînés par un attachement déraisonnable à leurs propriétés, ont préféré la continuation et, par suite, l'augmentation de leurs dettes à une aliénation qui les eût libérés ; tantôt des ventes d'immeubles ont excité les convoitises d'acqué-reurs qui, contractant des engagements au dessus de leurs ressources ou de leurs prévisions, ont été obligés de recourir aux prêts hypothécaires : à une époque surtout, de 1827 à 1832, les mutations d'immeubles ont été considérables, immenses ; mais chaque fois que le propriétaire a un engagement à remplir, une seule ressource lui est offerte, la voie onéreuse et difficile de l'hypothèque ; à cet égard, les exceptions ne sauraient prévaloir contre l'usage.

Dans le commerce, au contraire, un simple billet revêtu des trois signatures de rigueur, mais dont les auteurs n'ont souvent qu'une responsabilité idéale, fugitive, assise sur un crédit fictif, sur des marchandises dont le prix n'est pas acquitté, ou qui peuvent disparaître à l'improviste ; ce billet qui a pris le nom de lettre de change, bien qu'il n'en remplisse aucune des conditions, a circulé dans toute la France avec une facilité merveilleuse jusqu'au jour de son échéance ; il a, pendant ce temps, servi à une multitude de transactions et de paiements. Mais dans les grandes commotions, cette ressource s'anihile d'elle-même, car le crédit mobilier suit tout naturellement le sort des éléments qui l'avaient créé, du commerce, de l'industrie, de la spéculation et surtout de la confiance publique ; il ne se relève qu'avec eux.

Pour le sol, bien qu'il offre par lui-même toutes les conditions de sécurité et de fixité qui manquent aux autres valeurs, le crédit n'existe pas ; ou si on a daigné lui en attribuer quelques parcelles, ce n'est qu'à des conditions difficiles et onéreuses : aussi, la propriété, obérée de plus en plus, est-elle dans un véritable état de gêne qui ne fait que s'aggraver dans les circonstances actuelles.

Des orateurs brillants et féconds ont prétendu, en combattant une malheureuse proposition du comité de l'agriculture sur le crédit foncier, que les 14 milliards qui frappent ostensiblement la propriété, étaient fictifs, du moins en grande partie ; qu'en raison soit de la négligence apportée aux radiations après paiement, soit de l'inutilité d'une partie des inscriptions judiciaires, ce chiffre devait être considérablement réduit, à 4 milliards et même à 3 milliards ; mais sur quelles bases, sur quelles données, sur quelles probabilités, même, ont-ils assis de telles réductions ? D'où vient que ces adversaires si chaleureux de tout crédit foncier ont omis de mentionner ces faits si notoires et si usuels, savoir : que la propriété, indépendamment des inscriptions qui pèsent sur elle, est encore frappée des priviléges et hypothèques légales, *non inscrits*, résultant notamment des contrats de ventes, échanges, partages, des droits des mineurs et des femmes mariées, des gages et des salaires d'ouvriers, des droits des marchands, constructeurs, frais de justice et autres ? Ne savent-ils pas, en outre, que des propriétaires, par suite de traités de famille ou d'autres causes, sont souvent débiteurs par sous seing privé ou sur simples billets, de sommes importantes ? Il est donc certain, ou du moins fort probable, que le montant de ces diverses charges dépasse celui des inscriptions acquittées, mais non radiées par négligence ou économie, et celui des hypothèques conféré par des ju-

gemcnts sans utilité. *La Presse*, dans son numéro du 10 février dernier, constate « qu'en 1835 le revenu de
» la propriété foncière était, selon l'enregistrement, de
» 1580 millions, que ses charges étaient en impôt di-
» rect (y compris, sans doute, les centimes addition-
» nels), de 450 millions; en contributions indirectes
» de 200 millions, en intérêts hypothécaires et frais
» d'emprunt, 600 millions; » or, ces derniers capitali-
sés au 5 p. 0/0 représentent un capital de 12 milliards,
d'où il résulte évidemment que le chiffre total des dettes
inscrites et non inscrites qui pèsent sur la propriété,
s'élève au delà de 14 milliards, d'autant plus qu'il s'est
constamment accru : l'expérience des dix dernières années ne laisse aucun doute à cet égard. Quelques lignes
d'un écrit déjà mentionné, *sur le morcellement* et publié en 1845 par la *Revue du Lyonnais*, suffiront pour
constater ce résultat qui, d'ailleurs, est notoire : *Depuis
1826, le capital de la dette hypothécaire s'accroît annuellement; dénoncé à la tribune de la chambre des députés, son chiffre effrayant n'a pas été contesté; ce
chiffre est présentement de 14 milliards, en compensant
les inscriptions nulles par les inscriptions occultes : il
augmente tous les ans, à peu près, de 100 millions.*

Ce chiffre seul de 14 milliards, indépendamment d'une
augmentation annuelle si énorme, représente au moins
le cinquième de la valeur nominale de tous les immeubles de la France; il absorbe annuellement plus du tiers
de leurs produits, ainsi qu'il résulte du document indiqué ci-dessus et de la comparaison qui a été faite précédemment entre l'intérêt du numéraire et le revenu de
la propriété : qu'on y ajoute les impôts et charges di-

verses, et l'on comprendra la gêne qui doit peser sur les propriétaires en général, et principalement sur ceux qui sont dans une situation moyenne ou peu aisée. Mais si cette gêne existait déjà dans les temps ordinaires, que sera-ce donc lorsque le commerce et l'industrie se trouvent paralysées, que la circulation du numéraire et même son effectif sont notablement diminués, que l'impôt est augmenté, que le prix des denrées et des autres productions du sol est avili ? Il en résultera nécessairement et il en résulte déjà un grand nombre d'expropriations forcées ou de ventes volontaires d'immeubles, à vil prix.

De son côté, l'agriculture subit inévitablement le contre-coup de ces perturbations : soumise aux exigences de propriétaires besogneux et au manque de bras qui se sont tournés du côté de l'industrie, du commerce et des spéculations hazardeuses, privée, en outre, de l'appui du gouvernement, des ressources nécessaires et de toute espèce de crédit, l'agriculture souffre, languit et se trouve, en France du moins, dans une position inférieure à celle de l'Allemagne, de la Hollande, de la Belgique, de l'Angleterre, etc.

Améliorations agricoles et financières.

Il est reconnu aujourd'hui, l'enquête officielle de l'Académie le constate, que pour plusieurs industries manufacturières, notamment pour le tissage des soies unies, des cotons, fils, laines, étoffes mélangées, etc., le seul moyen de lutter contre la concurrence étrangère, l'unique voie de salut, serait de réduire le prix des façons et, pour cela, d'abandonner, en partie, les grands centres de population et de s'établir dans les campagnes ; en effet, il est évident que les ouvriers y obtiendraient, tout à la fois, économie, aisance, salubrité, moralité, et qu'en alternant les travaux de la fabrique avec ceux de l'agriculture, ils se procureraient ainsi des ressources assurées contre les époques de chômage. De son côté, l'agriculture trouverait là des bras qui lui manquent presque partout : 15 millions 500 mille hectares de terrain encore inculte, s'opposent, pour de nombreuses années, et probablement pour plus d'un siècle, aux inconvénients d'une culture trop morcelée et d'un accroissement rapide de la population.

En même temps, le trop plein de certaines villes aurait un débouché doublement avantageux, car il profiterait à ceux des ouvriers qui devraient y rester en les soustrayant à une concurrence et à un encombrement fâcheux.

Nous avons indiqué précédemment, à l'aide de divers documents, quelques améliorations spéciales à l'agriculture et à la propriété : nous regrettons que les limites de cette œuvre ne nous permettent pas de reproduire avec quelque étendue celles qui sont développées dans les écrits déjà mentionnés, nous ne ferons que les signaler sommairement ; ainsi, des esprits judicieux s'accordent à réclamer, à l'aide de mesures conciliatrices et réglementaires, la suppression de la vaine pâture, la culture des terrains communaux, le défrichement des landes, des moyens d'irrigation, le reboisement des montagnes, le dessèchement des marais, l'institution du crédit foncier, la réorganisation des gardes champêtres, etc. ; à ce ré-

sumé dont la justification pratique n'est plus qu'une af-
faire de temps et d'opportunité, la publication déjà citée,
de M. Guillemot, de 1845, ajoute ce qui suit : «Telles sont
» les réformes et les améliorations qu'impose le dépéris-
» sement de la propriété foncière affaissée sous le poids
» de ses charges. L'impôt, la dette hypothécaire, les pro-
» cès, les sinistres, les réparations obligées, forment
» une somme totale presqu'égale au revenu foncier. Les
» chiffres qui constatent cet état éprouvent tous les ans
» une augmentation alarmante. La propriété étant ainsi
» grevée, l'agriculture manque de capitaux et ne peut
» avoir un crédit rendu plus impossible par cette position
» obérée ; son essor est encore comprimé par une légis-
» lation qui, à certains égards, consacre des abus et
» rend impraticables les améliorations, par ses lacunes ;
» d'immenses terreins restent improductifs et attendent
» que le législateur facilite leur culture ; les eaux des
» fleuves, bien dirigées, porteraient la fécondité dans
» nos champs, elles n'y portent que la dévastation. Li-
» vrés à la déprédation par défaut de surveillance et de
» répression, nos champs sont encore asservis par une
» institution de la féodalité, qui dépare, comme une
» vieille ruine, le nouvel édifice de nos lois, etc., une
» sorte de fatalité plane sur cette triste situation : l'indif-
« férence, le doute, l'appréhension repoussent les princi-
» paux moyens d'y remédier et les ajournent, jusqu'à ce
» qu'une nécessité plus impérieuse ordonne leur prompte
» exécution. Que cette situation soit grave, le simple
» examen le démontre ; qu'elle soit grosse d'une éven-
» tualité dangereuse, il est rationnel de le craindre et
» patriotique de le signaler.

Sans doute, il est beaucoup d'autres améliorations pratiques qui seraient dignes de l'intérêt du lecteur ; car l'agriculture présente un ensemble de faits, d'observations et de phénomènes qui se multiplient et se renouvellent sans cesse : le cadre de cet écrit ne pouvait les contenir ; d'un autre côté, ces matières ne sauraient être convenablement traitées que par des hommes spéciaux, des agronomes : eux seuls ont mission de constater les progrès comme les erreurs, de propager les bonnes méthodes et de réprouver les mauvaises (1).

De ces documents unanimes, il résulte, on ne saurait trop le répéter, que la source de prospérité la plus féconde et la plus sûre pour la France réside dans son sol : il est donc indispensable et urgent d'améliorer la position de ceux qui le possèdent et le cultivent, mais par des mesures équitables, conciliatrices, qui ne froissent aucun intérêt légitime et qui profitent aux autres industries utiles ; car toutes les souffrances physiques et morales d'une nation se lient entre elles et réagissent les unes sur les autres.

Le crédit foncier, en évitant, *par-dessus tout*, le danger des assignats, serait certainement l'un des moyens les plus efficaces : mais il a rencontré des adversaires, à la fois, ardents et influents (3 ont été ministres et l'un d'eux

(1) Nonobstant des critiques plus ou moins fondées sur l'insuffisance de certaines théories, il n'en est pas moins vrai que l'agriculture doit à leurs efforts des progrès réels ; l'impartialité qui est la compagne inséparable de la vérité, ne saurait s'abstenir de le reconnaître : diverses publications, notamment de MM. Dombasle, Defitte, Puvis (de Bourg), ont évidemment contribué à ce résultat et ont, même, introduit des innovations heureuses et fécondantes dans la culture du sol.

l'est encore) : ceux-ci , après avoir largement exploité
des préventions fondées sur de déplorables souvenirs
ainsi que les nombreuses défectuosités du projet présenté, en ont obtenu l'ajournement, sinon le renvoi, après
2 jours de discussions à la tribune , les 11 et 12 octo-
bre 1848. Nous reproduirons fidèlement leurs principaux
motifs et ne leur opposerons que des faits émanés d'eux-
mêmes, ou des documents officiels et précis, et, à défaut,
d'une notoriété publique incontestable : notre impartialité à leur égard a été telle que nous n'avons recueilli
l'expression de leurs opinions que dans le *Moniteur* et
dans 2 autres journaux sérieux et opposés, tous deux, au
crédit foncier, *le Siècle* et *la Presse* (1).

Déjà, il vient d'être établi, contrairement à leurs allégations, que la propriété est évidemment obérée, non
par 3 ou 4 milliards de dettes, mais bien par plus de
14 milliards qui représentent, aujourd'hui surtout, le
cinquième, et plus, de sa valeur nominale; les intérêts de
cette dette absorbent plus de la moitié du revenu total
de la propriété par le motif que celle-ci ne rend que le
2 1/2 p. 0/0 tandis que les intérêts dont elle est chargée lui coûtent de 6 à 7 p. 0/0.

Cependant M. Thiers prétend que *l'agriculture n'a
aucune espèce d'intérêt au crédit agricole :* et voici ses
motifs : « Le grand propriétaire, dit-il, n'est pas sous le

---

(1) Le lecteur s'étonnera, peut-être, que le *Moniteur* n'ait pas été,
seul, consulté : mais nous lui ferons observer que la faculté accordée à
tout orateur de revoir et de modifier, avant l'insertion, le discours prononcé à la tribune, lui enlève son cachet de spontanéité et peut donner lieu, en outre, à des suppressions souvent importantes.

» joug de l'usure, car il n'emprunte pas, et s'il y a quel-
» que exception, elle approche de l'unité : les petits pro-
» priétaires fonciers sont les seuls qui empruntent :
» quand le petit cultivateur a gagné 5 ou 600 fr., il les
» emploie à accroître sa propriété, et comme il ne peut
» pas payer tout, il donne hypothèque sur la terre qu'il
» a acquise. C'est là la seule part de terre que la pro-
» priété rurale est au grand livre des hypothèques. »

C'est là une erreur étrange, contre laquelle s'élève-
raient tout à la fois, le témoignage des notaires, celui
des bureaux d'enregistrement et d'hypothèques et la
notoriété publique ; elle se trouve, d'ailleurs, positivement contredite et démentie, avec une exagération non
moins forte, par un autre opposant du crédit foncier,
M. Goudchaux, ministre des finances, qui s'est exprimé
ainsi : « Je dois rétablir quelques chiffres que j'ai omis
» hier : on propose une émission de deux milliards de
» bons hypothécaires : savez-vous combien de proprié-
» taires en profiteraient, 40 ou 50 mille au plus (ru-
» meurs), oui, messieurs, 50 mille propriétaires au
» plus. »

C'est aussi une erreur évidente, mais dans un sens opposé ; en effet, il faudrait que chacun de ces 50 mille
propriétaires, pour absorber cet emprunt de 2 milliards,
y prît part pour 40 mille francs, terme moyen : mais il
n'en est pas ainsi ; ce qui, seul, est vrai, c'est que les
grands comme les petits propriétaires sont atteints par
les hypothèques, et que les propriétaires moyens y fi-
gurent pour la plus forte part. Les deux assertions con-
traires, également exagérées, chacune dans leur sens, se
contredisant ouvertement mais tendant à un même but,

celui de repousser le crédit foncier, seront appréciées par tout lecteur impartial.

Numéraire.

Le numéraire a considérablement diminué en France ; c'est un fait aujourd'hui avéré, constaté par des documents officiels et par les adversaires, même, du crédit foncier au milieu de leurs propres contradictions. Aussi, l'un d'eux, M. Thiers, prétend *que la disette de 1846 n'a fait sortir de France que* 100 *millions* ; mais un rapport récent et officiel du gouverneur de la Banque de France, chapitre de la crise de 1848, contient ce qui suit : » En 1846, la cherté des subsistances, l'importa- » tion de grandes quantités de céréales ont principale- » ment réagi sur la banque. L'affaiblissement de nos ré- » serves par la rapide sortie de 172 millions d'espèces » en presque totalité exportées ; l'achat de 45 millions » de lingots d'argent en majeure partie tirés de Londres, » ont été la conséquence de ces faits dominants. En » mars 1847, la Banque a vendu au gouvernement russe » 2 millions 142 mille francs de rentes, au prix d'envi- » ron 50 millions. Ils ont servi à acquitter par des com- » pensations le réliquat des sommes dues à l'étranger » pour des achats de grains. » Voilà donc près de 300 millions au lieu des 100 millions, chiffre posé par M. Thiers. Ce dernier ajoute qu'il y a 40 *ans*, 50 *millions sont sortis de France pour les sucres et le café*. Nous trouvons ce chiffre fort restreint ; toutefois nous nous abstenons de le contredire parce que nous manquons des éléments nécessaires ; mais n'est-il pas surprenant que cet ex-ministre ait omis de rendre compte, à ce sujet, d'un fait autrement important et d'ailleurs plus récent que celui relatif au sucre et au café, *la disette de* 1817, qui a été beaucoup plus longue, plus réelle et plus calamiteuse que celle de 1846. Nul contemporain, sans doute, n'a perdu le souvenir d'une détresse telle qu'on a vu une partie des populations se nourrir d'herbe, de détritus et d'immondices ramassés dans les ruisseaux des rues. M. Thiers dit ailleurs. « On prétend que l'argent » manque et qu'on veut le remplacer : j'en demande pardon à M. le rapporteur, l'argent ne manque pas en » France ; s'il y manquait, vous l'y verriez arriver à l'instant même en abondance, aux dépens de votre commerce. Les marchandises baissent, baissent, jusqu'à » ce qu'elles aient attiré le numéraire. En Angleterre, » l'absence du numéraire a coûté quelquefois des milliards en marchandises. Vous croyez que le numéraire » manque ; non, il se refuse, il existe. »

Déjà la sortie de France d'une portion notable du numéraire vient d'être officiellement établie ; mais cet orateur, dans une autre partie de son discours, a constaté une diminution considérable dans l'effectif de ce même numéraire ; c'est ainsi qu'il s'exprime :

« En créant du papier-monnaie, vous entravez la circulation métallique : savez-vous quel est le chiffre de » la circulation métallique en France ? On l'avait d'abord » évalué, en additionnant toutes les sommes frappées » depuis 60 ans, et on avait trouvé un total de 3 milliards. Plus tard, on avait tenu compte des sommes » sorties de France et on est arrivé à l'évaluation, si non » certaine du moins probable, de deux milliards. »

Voilà donc, en résumé, un milliard de moins, dont

un tiers vient d'être récemment constaté, et dont les deux autres tiers résultent probablement des achats de sucre et de café, et surtout de la disette de 1817.

Crédit mobilier.

Mais, au moins, le crédit mobilier vient-il suppléer à cette insuffisance du numéraire qui, tout à la fois, manque et peut, en outre, se cacher? ce serait là son mérite, son devoir même : cependant aucun des opposants du crédit foncier n'a osé le prétendre ; l'un d'eux, M. Léon Faucher, ministre, invoque, même, cette absence du crédit mobilier pour repousser l'institution du crédit foncier et dans les termes les plus formels : *fonder des institutions de crédit dans un moment où le crédit n'existe pas, lorsque le banquier est devenu un mythe, lorsque le portefeuille de la banque, elle-même, est dégarni, lorsqu'il n'y a plus d'affaires dans le pays, c'est se poser un problème insoluble, etc.* ; nous répéterons donc, et nous croyons être d'accord avec l'opinion publique, que le crédit mobilier a été si profondément altéré par l'exagération précédemment signalée du système industriel et manufacturier et par les nombreuses faillites qui en ont été la conséquence, qu'il n'existe plus guère qu'à l'état de mémoire et qu'il ne renaîtra que peu à peu, lorsque l'effet des perturbations qui l'ont anihilé aura cessé de se faire sentir.

Billets de banque.

Les billets de la banque de France, on l'a déjà dit, sont évidemment insuffisants pour le remplacer : M. Thiers prétend « qu'ils ne créent pas des capitaux, même pour

» la propriété mobilière ; qu'ils ne font que faciliter l'es-
» compte et la circulation des valeurs. » Bien que cette
opinion tendrait à justifier notre assertion, la vérité nous
fait un devoir de la repousser comme étant inexacte :
nous nous bornerons à rappeler le rapport officiel de la
banque de France qui annonce « que l'émission de ses
» billets dépasse déjà le quadruple de leur encaisse, et
» qu'en outre il a fallu qu'un décret, rendu sur la pro-
» position du conseil général de la banque, déclarât ses
» billets monnaie légale, et la dispensât même de l'o-
» bligation de les rembourser. »

Emprunts du trésor.

L'emprunt, on l'a vu, est une voie devenue plus funeste que jamais ; car il ne serait possible qu'à des conditions extrêmement onéreuses. On peut en juger par le
dernier qui a été contracté.

L'un des ministres actuels, M. Léon Faucher, le déplore en ces termes : *Remarquez que, dans ce moment,
l'Etat, qui est le premier des emprunteurs, ne trouve de
l'argent qu'à 7 ou 8 p. 0/0.* Et encore il le flatte doublement en omettant de mentionner la perte de 35 p. 0/0 sur
le capital et en le présentant comme le premier des emprunteurs ; à Paris cela peut être ; mais dans le reste de
la France il n'en est pas de même. A cet égard, nous ne
craignons pas d'être taxés d'exagération en faisant cette
supposition que, même en temps ordinaire, normal,
l'immense majorité, sinon la totalité des capitalistes,
préférerait prêter aux propriétaires sur hypothèques
convenables pour cinq ans et même pour dix, qu'au trésor pour une seule année ; ce qui fait que les rentes sur

l'Etat sont acceptées en province et y ont cours, quoique dans une proportion minime, c'est que, d'une part, elles peuvent être immédiatement aliénées, et que, d'un autre côté, c'est une spéculation d'agiotage, un appât de jeu et de pari.

L'emprunt ne ferait, d'ailleurs, qu'empirer le mauvais état des finances, augmenter l'impôt, et, par une conséquence inévitable, les souffrances de la propriété, de l'agriculture comme des diverses industries qui s'y rattachent, tandis que toutes ont besoin d'assistance et de soulagement.

Crédit foncier.

Il ne reste donc que le crédit foncier; ses adversaires eux-mêmes, ne peuvent échapper à cette évidence. M. Léon Faucher le reconnaît en ces termes : » Je n'ai pas » l'intention de m'opposer à toute réforme du crédit fon- » cier. Il est temps que l'agriculture ait enfin, comme » le commerce et l'industrie, ses institutions de crédit. » L'usure dévore nos campagnes et l'agriculture qui ne » tire de la terre qu'un intérêt à 3 p. 0/0 emprunte à 5, » 6, 8 et même 12 p. 0/0. La dette hypothécaire ne » monte pas en France à moins de 11 milliards, et si » l'on ne procéde à une liquidation ou à un dégrève- » ment, la propriété est menacée d'arriver à la banque- » route. Mais le moment est-il bien choisi pour donner » suite aux propositions de votre comité, je ne le crois » pas. »

Il est vrai que cet aveu est suivi de l'assertion la plus étrange que l'on puisse imaginer : la voici : « Les bons » hypothécaires, dit-on, n'auront rien de commun avec

» les assignats ; moi je vous dis que les assignats ont été
» une dégradation du papier Law, et que les bons hy-
» pothécaires ne seront autre chose qu'une dégradation
» des assignats. On a bien compris que les bons hypo-
» thécaires seraient refusés, s'ils n'étaient considérés
» que comme du papier, et alors on a doublé ce papier
» d'un gage, et ce gage, c'est la terre. Mais la terre
» seule n'est pas un gage sérieux, elle n'est quelque
» chose que par le travail. C'est là ce qui fait qu'avec
» des terres de même qualité, deux agriculteurs ne trou-
» vent pas à emprunter à taux égal. »

Sans doute, pour bien des lecteurs, la reproduction
d'une pareille appréciation aura suffi pour la réfuter ;
nous y ajouterons quelques réflexions fort simples pour
prouver que la terre est par elle-même, aujourd'hui
plus que jamais, non seulement un gage sérieux, mais
encore le gage le plus sérieux, et même le seul sérieux
de toute obligation, de toute promesse d'argent. Ce fait
se trouve établi par l'usage généralement répandu
d'opérer les placements en considération seulement du
sol qui leur est affecté, abstraction faite de l'emprunteur, qui, le plus souvent, ne cultive pas ses fonds par
lui-même, qui peut, de gré ou de force, renoncer à son
travail, bien ou mal administrer ses affaires, qui peut
mourir, enfin, et laisser pour héritiers des mineurs ou
des inconnus, mais dont les immeubles restent toujours
là, ou ne sauraient passer en d'autres mains qu'à la condition d'acquitter la dette hypothéquée ; immeubles qui,
dans la même localité, ont toujours une valeur compa-
rative à peu près égale à celle des fonds voisins, et dont
la dépréciation a été, d'ailleurs, prévue par une garantie

hypothécaire de beaucoup supérieure. C'est là un fait positif et tellement usuel qu'il arrive fréquemment que les prêts d'argent sont effectués par l'intermédiaire des notaires, sans que le bailleur de fonds ait eu le moindre rapport avec l'emprunteur avant la consommation de l'acte. Le prêteur, en général, ne s'enquiert et ne s'inquiète que de la valeur de l'immeuble, du droit à sa possession et de l'état des inscriptions.

Sans doute, quelques personnes, dans des cas particuliers, surtout pour des prêts sur simples billets, ont égard à la moralité de l'emprunteur; et si, par hasard, celui-ci est cultivateur, la manière dont il exerce sa profession formant une partie de sa moralité est prise en considération pour autant; mais, on le répète, ce ne sont là que de très rares exceptions, inaperçues dans le cours ordinaire des choses, principalement en matière d'hypothèques.

À cet égard, M. Thiers a commis une erreur analogue, bien qu'elle soit d'une autre espèce, lorsqu'il a dit :

« J'ai toujours vu que les maisons de banque qui » étaient embarrassées étaient celles qui avaient mis » leurs capitaux dans des placements à longs termes ou « dans des placements sur la terre. »

Jusqu'à présent on avait toujours cru de par le monde, en France du moins, que les embarras, les faillites des banquiers provenaient de spéculations hasardeuses au-dessus de leurs forces, ou bien de prêts faits trop légèrement et sans garantie à des maisons de commerce, compromises elles-mêmes par les jeux de bourse et l'agiotage. S'il y avait un reproche à adresser à ces banquiers, ce serait d'avoir négligé toute espèce de sûreté, afin de multiplier et d'accroître leurs profits par des renouvellements tous les mois ou tous les trois mois, renouvellements qui ne pourraient s'allier avec des placements nécessairement à longs termes, lorsqu'ils sont hypothéqués *sur la terre* ; aussi, on découvre rarement, dans les faillites des banquiers ou financiers, de ces sortes de placements, et s'ils existaient, les créanciers y trouveraient des ressources assurées, ou, plutôt, il n'y aurait pas de faillites.

Telles sont les principales raisons données par les adversaires du crédit foncier pour le faire rejeter : le lecteur a pu les apprécier. Quant à l'objection, plus réelle, d'une similitude avec les assignats, ils se sont abstenus de l'exprimer sérieusement et d'établir des rapprochements entre ceux-ci et les bons hypothécaires, au moyen de faits et de développements précis : ils se sont bornés à quelques phrases banales, à quelques réflexions générales et ambiguës, dont le rapporteur du projet de loi et surtout une réfutation remarquable et judicieuse de M. de Beaumont (de la Somme) ont fait amplement justice, du moins pour tout esprit éclairé et impartial. Puis ils ont conclu hardiment, comme on l'a vu, que *les billets hypothécaires ne seraient qu'une dégradation des assignats, de sinistre mémoire, par le seul motif que ces billets hypothécaires n'auraient pas d'autre gage que la terre, laquelle, selon eux, n'est pas un gage sérieux ;* c'est là une assertion dont nous avons démontré la puérilité.

Nous nous efforcerons de suppléer par des comparaisons nettes et précises à cette espèce d'obscurité volontaire ou non : nous ne cesserons surtout d'y apporter cet esprit d'impartialité et de véracité qui est notre seul guide : aussi ne déguiserons-nous aucun des dangers à éviter , et si nous manquons des lumières nécessaires pour y remédier, nous aurons, du moins, appelé et provoqué les réflexions et les conseils d'autres écrivains plus éclairés.

Il est un fait irrécusable , constaté par les adversaires du crédit foncier eux-mêmes , c'est que *pour créer des assignats , la volonté seule du gouvernement a suffi ; qu'il leur a donné ou enlevé, à sa fantaisie, toutes garanties ; qu'il n'avait, enfin, qu'à recourir à la planche aux assignats ; aussi en a-t-il créé pour plus de 40 milliards ayant cours forcé, sous peine des galères et même sous peine de mort au moyen de la loi des suspects ;* d'où les banqueroutes publiques et privées, les confiscations et toutes les sanglantes saturnales qui se rattachent à cette époque néfaste : une si cruelle expérience ne doit ni ne peut être perdue pour la France ; aussi existe-t-il dans le pays , non à cause de l'avènement de la République , mais par suite de la fâcheuse direction qui lui a été imprimée dans le principe , des préventions toutes naturelles, qui veulent être respectées , et qui ne céderont qu'en présence de garanties réelles et complètes. A cet effet, la création du crédit foncier doit être accompagnée de précautions telles que le gouvernement ne puisse , dans aucun temps et sous aucun prétexte, abuser ni même user de ce moyen : dès-lors, il faut qu'il soit, en quelque sorte, étranger à l'émission des bons hypothécaires et que le concours de ses agents n'ait lieu , que dans l'intérêt public et à titre de contrôle.

Il faut qu'aucun bon ne puisse être émis que sur la demande et sous la responsabilité du propriétaire emprunteur; il faut, pour que cette responsabilité ne soit ni illusoire ni même suspecte, qu'elle soit établie non par les agents du gouvernement et sur des instructions variables ou capricieuses; mais bien sous des conditions rigoureuses, appliquées par des fonctionnaires compétents et, surtout, indépendants (1); il faut en définitive

---

(1) Les notaires et les juges de paix sont tout naturellement appelés à exercer cette action; les premiers, pour préparer les emprunts et en rédiger les actes; les autres pour prononcer sur l'admission définitive des emprunteurs, pour nommer et contrôler le conseil d'administration, etc. Observons toutefois, que l'inamovibilité des juges de paix et quelque augmentation de leur traitement devront être la conséquence équitable d'un surcroît de travail et de divers déplacements au chef-lieu d'arrondissement : cette augmentation ne serait point une nouvelle charge pour l'état ; elle serait combinée avec les autres frais d'administration, lesquels seraient prélevés sur le montant de l'intérêt cumulé qui, à 3 1/2 p. 0/0 et pour un terme de 15 ans avec remboursement quinquennal à partir de la 10me année, ne serait pas moindre de 60 p. 0/0 du capital. Déjà, cette inamovibilité a été réclamée et mise en question : dans l'état actuel, elle est devenue indispensable, en raison soit de l'augmentation de la compétence, soit des nouvelles attribution qui leur ont été conférées, telle que la présidence des collèges électoraux, l'intervention dans les comités d'enseignement, d'enquêtes, d'expropriations pour cause d'utilité publique, etc. En matière de voirie, les juges de paix prononcent, d'après les dernières lois, entre les particuliers et l'administration départementale. D'ailleurs, le juge de paix décide *seul* tandis que le juge de première instance ou le conseiller n'a que sa voix : dans beaucoup de cas, ces derniers peuvent se trouver eux-mêmes soumis à la juridiction du juge de paix qui est amovible tandis qu'il ne le sont pas ; ce qui est une anomalie et peut offrir de graves inconvénients. D'un autre côté, lors des com-

que les sûretés fournies par l'emprunteur soient plus fortes et plus absolues que celles usitées dans les actes ordinaires et qu'elles puissent être exercées avec plus de facilité et de sévérité ; la publicité complète des hypothèques par l'inscription des priviléges de toute nature, depuis longtemps réclamée, ne saurait être retardée, pas plus que la simplification des partages judiciaires, des licitations et des expropriations.

Mais, pour arriver à un tel resultat, il ne faut pas fonder une seule et unique banque générale à Paris, il en faut une dans chaque arrondissement.

Sans doute les partisans d'une centralisation excessive repousseront cette mesure ; mais ce n'est pas la seule que leur imposeront les nécessités actuelles et l'intérêt public mieux compris. Quant au gouvernement qui n'est, d'ailleurs, que le représentant de cet immense intérêt public, d'autant plus que sa forme est républicaine (*respublica*), il doit recevoir une large compensation de cette exclusion formelle ; car lui seul peut et doit profiter de l'intérêt cumulé des bons hypothécaires.

---

motions politiques, et même dans le mouvement continuel des élections, leur existence est continuellement exposée ou menacée ; on l'a vu à diverses reprises, notamment lors des changements de gouvernement. Ces considérations indiquent donc la nécessité de ne pas laisser à la discrétion d'un pouvoir variable, ainsi que des influences locales et des agents de l'autorité, ces magistrats qui ont besoin par-dessus tout, d'indépendance et de considération : les circonstances, au contraire, où le juge de paix participe du ministère public sont d'une importance comparativement si secondaire que cette inamovibilité ne saurait être retardée : c'est encore une question de décentralisation et qui doit être tranchée dans l'intérêt public.

Tous les droits légitimes doivent être respectés ; tous les intérêts doivent être conciliés, tous les engagements précédemment contractés doivent être fidèlement remplis : ainsi, le montant des bons à émettre doit être restreint par la loi à un chiffre tel qu'il n'avilisse pas la valeur du numéraire et qu'en secourant directement une partie de la propriété obérée et, par suite, l'agriculture et les autres industries, il n'amène qu'un abaissement rationnel de l'intérêt pécuniaire et lui laisse même une supériorité sur le produit du sol qui, d'ailleurs, est variable : que, dans le même but et pour éviter toutes les perturbations, l'émission comme le remboursement de ces bons soient effectués partiellement et par annuité : le chiffre total doit en être réparti entre tous les arrondissements au prorata de l'impôt foncier.

Si le cours de ces bons est déclaré légal, il faut absolument que nul créancier, à quelque titre que ce soit, qui serait antérieur à cette institution, ne puisse être contraint à recevoir ces bons en paiement, la loi ne pouvant avoir d'effet rétroactif.

Enfin, il est indispensable qu'aucun emprunteur ne puisse être libéré et obtenir la radiation de son inscription sans qu'au préalable la lacération et l'anéantissement de bons hypothécaires, pour une valeur égale à sa dette, n'aient eu lieu et ne soient constatés authentiquement.

Si toutes ces garanties principales et d'autres accessoires, trop longues à énumérer, sont exigées et fournies, quelle ressemblance auront donc ces bons hypothécaires avec ces assignats odieux et absurdes qui, dans les premiers temps, nonobstant l'absence de toute garantie réelle, n'ont perdu que 5 p. 0/0 jusqu'à l'époque d'une nouvelle émission.

Mais, objectera peut-être la prévention irréfléchie ou intéressée, dans un temps critique, le gouvernement fera table rase de ces précautions, de ces formalités, et on lui aura imprudemment ouvert la voie de cette désastreuse ressource. Pour cela, il faut admettre que toutes les lois et tous les contrats seront violés, que les divers pouvoirs de l'état, l'Assemblée nationale comprise, s'y prêteront complaisamment, ou y seront contraints. Mais si, contre toute probabilité, il en est jamais ainsi, et si la France est réduite, destinée à une pareille calamité, le refus actuel du crédit foncier sera-t-il une sauve-garde, ou même une précaution utile? Loin de là, le gouvernement armé de la nécessité, ou du prétexte de la raison d'état, prétendrait, avec quelque apparence de fondement, que la propriété foncière est un levier propre à sauver la France, d'autant plus qu'on n'en aurait pas encore usé, et qu'il ne devrait pas hésiter à le soulever, puisqu'il serait libre de tout antécédent comme de toute entrave.

Qu'on suppose, au contraire, le crédit foncier établi sur des bases régulières, fortifié de toutes les transactions qui en auront été la conséquence, ainsi que de tous les intérêts qui y seront engagés, et on aura une idée des obstacles et des oppositions que rencontrerait le gouvernement pour braver la loi et renverser tous les droits acquis : ses tentatives, à cet égard, seraient d'autant plus odieuses que lui-même, gouvernement, aurait perçu un bénéfice énorme de cette fondation, puisqu'il aurait profité de tout l'intérêt cumulé.

Il faut reconnaître franchement que le projet présenté par le comité de l'agriculture manquait d'une partie notable de ces garanties ; il n'est donc pas étonnant qu'il ait été repoussée par l'Assemblée nationale, ou plutôt renvoyé à une autre époque ; c'était un résultat prévu et annoncé à l'avance. Il est indispensable et urgent de préparer un nouveau projet, ou plutôt d'extraire des nombreux projets qui ont déjà surgi et surgiront encore ce qu'ils peuvent renfermer d'utile et d'applicable, pour en former un tout homogène. Nous nous abstenons d'en reproduire ou d'en mentionner aucun, parce que nous nous sommes imposé la loi de ne présenter aux lecteurs que des documents positifs, ayant force d'autorité ou fondés, tout au moins, sur la notoriété ; or, un projet de cette nature, surtout, ne peut avoir une semblable consistance ; il serait probablement exposé à des modifications ; nous en faisons nous-mêmes l'expérience.

En définitive, la situation *actuelle* de la propriété et des recettes du trésor réclament plus impérieusement que jamais une mesure de cette nature : un article du *Siècle*, du 18 avril courant, d'autant plus remarquable que ce journal n'avait cessé d'être contraire au crédit foncier, contient ce qui suit :

« Les droits d'enregistrement, de greffe, d'hypothè-
» que se ressentent encore de la lenteur des transac-
» tions et des difficultés financières que nous avons tra-
» versées ; ils offrent une diminution de 6 *millions* envi-
» ron sur les produits de même nature de l'année der-
» nière (1848), et pour le 1er trimestre seulement. Sans
» doute, la reprise des affaires peut améliorer considéra-
» blement cet état de choses ; mais il ne faut pas se

» payer de mots. La reprise des affaires ! c'est bien va-
» gue ! *La situation de la propriété foncière exige des*
» *remèdes énergiques ; si des institutions de crédit ne*
» *viennent pas porter la vie et l'abondance dans nos*
» *campagnes rongées par l'usure ;* si, avant tout, la ré-
» forme de notre code hypothécaire ne vient modifier
» profondément les conditions d'existence de la propriété
» foncière et lui rendre possible l'accès du crédit, il est
» à craindre que cette situation ne s'aggrave de plus en
» plus, et ne porte au trésor et aux contribuables un tort
» immense, etc. »

Les adversaires de tout crédit foncier doivent être di-
visés en deux classes. Ainsi, les uns sont désintéressés,
mais sont prévenus par les appréhensions toutes naturelles que suscite le passé et qu'entretient soigneusement la cupidité active et influente de l'agiotage et de la
finance ; lorsqu'ils seront éclairés et rassurés, ils ne
s'obstineront pas à repousser une mesure dont l'utilité
et la nécessité sont évidentes.

Quant aux autres, qui croient avoir intérêt à ce que la
propriété, l'agriculture, de nombreuses industries et le
trésor public soient sacrifiés impitoyablement et sans
conciliation au pécule métallique ; quant à ces *loups-cer-*
viers, si bien stigmatisés à une autre époque, qui pré-
fèreraient une banqueroute publique au sacrifice du
monopole usuraire qu'ils exercent depuis si longtemps
sur le numéraire et sur le crédit public, là lumière ne
se fera pas ; il n'est pire sourd que celui qui ne veut pas
entendre.

Situation morale des propriétaires et des agriculteurs.

Il nous reste à signaler les plaies morales qui affectent spécialement ces deux classes ; nous nous efforcerons de le faire avec la même impartialité que pour les autres. Cette tâche sera, sous plusieurs rapports, plus simple et plus facile ; déja même elle se trouve commencée au moyen de diverses considérations émises précédemment. Nous nous bornerons à rappeler, en invoquant la notoriété publique, que les goûts, les besoins, les tendances et les principes de cette classe, diffèrent essentiellement de ceux des autres ; que la possession, la culture du sol et les occupations qui s'y rattachent sont éminemment antipathiques aux spéculations hasardeuses comme aux perturbations politiques ; aussi, ces absurdes doctrines, socialistes et communistes, qui prétendaient assurer la prospérité de la France au moyen de la spoliation et du pillage de toutes ses richesses, ont-elles été unanimement repoussées par les agriculteurs comme par les propriétaires. Déjà, en 93, la Convention, de sinistre mémoire, reconnut après diverses tentatives l'impossibilité de porter atteinte au droit de propriété, ainsi que la nécessité urgente de le consolider : sur la motion de l'un de ses membres, de Robespierre lui-même, elle décréta, par acclamations, à l'unanimité, la peine de mort contre l'auteur de toute proposition contraire au maintien de ce droit ; depuis lors, 10 millions de cotes foncières sont venus offrir des garanties autrement imposantes contre de pareilles tentatives.

Mais, il faut le reconnaître, ces habitudes de simplicité, ces principes de probité et de moralité qui existaient à un si haut degré dans la classe des agriculteurs et des propriétaires, bien qu'ils y aient été conservés plus que dans les autres, ont reçu de graves atteintes de leur contact, tout naturel, avec celle-ci, ainsi que du mouvement général des idées et des mœurs. Le goût du luxe et de la vanité, la cupidité et l'égoïsme, signes caractéristiques de notre époque, et conséquences du système manufacturier et industriel exagéré, se sont infiltrés partout : il n'en pouvait être autrement, et cette gangrène qui circule dans les veines du corps social continuera ses ravages tant qu'on ne lui opposera pas des remèdes efficaces, si non jusqu'à ce que de grandes calamités publiques en aient fait cesser les causes.

Cette immoralité, cette dépravation qui, sous la régence et pendant le règne de Louis XV, ont infesté la cour et la noblesse, ont parcouru, depuis lors, les divers degrés de l'échelle sociale : elles ont atteint la bourgeoisie, et lorsque celle-ci, après en avoir ressenti la honte et le dégoût, y a eu sensiblement renoncé, elles se sont emparées des classes ouvrières et ont pénétré même dans les campagnes : puis, comme une perturbation n'arrive jamais seule, l'usage et l'abus des boissons excitantes s'y sont répandus au plus haut degré : mais ces désordres ont, eux-mêmes, créé de nouveaux besoins et ont provoqué, pour les satisfaire, une cupidité extrême. En dernière analyse, les résistances que cette cupidité a elle-même rencontrées, ont fomenté l'envie et la mauvaise foi au sein de ces populations qui jusque là y étaient, en général, restées étrangères et avaient conservé avec un soin extrême les traditions d'une moralité et d'une probité, en quelque sorte, proverbiales.

En ce qui concerne les propriétaires, la corruption électorale a été pratiquée sous les gouvernements dynastiques, et [notamment sous le dernier, avec un cynisme scandaleux : intimidations, promesses, menaces, faveurs de toute espèce, à l'adresse non pas seulement des électeurs influents mais même des conseils ;communaux et départementaux, tout a été mis en œuvre : que de captations ! que de marchés honteux, tout à la fois, pour les vendeurs, pour les acheteurs et pour les entremetteurs !.... Tous autres détails et explications deviennent superflus en présence de souvenirs notoires et récents et des retentissements de la tribune publique, de la presse et des tribunaux eux-mêmes. Au reste, cette corruption que le gouvernement destinait à le fortifier a, au contraire, puissamment contribué à sa chute par la déconsidération et le mépris qu'elle lui a infligés ; conséquence toute naturelle d'une haute improbité politique : mais quoique cette lèpre n'ait atteint qu'une faible partie des propriétaires, les plaies qu'elle a faites ont été encore trop nombreuses, elles ont été, surtout, entretenues et ravivées trop longtemps pour que la morale publique n'en ait pas souffert.

A l'appui de cette appréciation qui sera sans doute acceptée par la conscience publique, et pour faire justice, à l'avance, de tout reproche d'exagération, nous ne choisirons pas quelques unes de ces nombreuses publications qu'ont inspirées les passions politiques, ou les premières émotions inséparables d'une grande catastrophe ; nous reproduirons l'extrait ci-après d'un ouvrage sérieux et d'ailleurs tout récent, de M. Boullée, ayant pour titre : *Etudes biographiques sur Louis-Philippe d'Orléans.* Ceux

des journaux de nuances diverses qui l'ont remarqué en ont unanimement constaté le mérite intrinsèque, et, par-dessus tout, cette haute impartialité qui est le premier devoir de l'historien; devoir que celui-ci ne parvient à accomplir, principalement en politique, qu'autant qu'il réussit à se dépouiller, en quelque sorte, de ses préventions comme de ses sympathies personnelles. « Les qualités pri-
» vées de Louis-Philippe, développées par les rudes leçons
» de l'adversité, dit l'auteur, répandirent sur son existence
» un légitime éclat, et constituèrent, si l'on peut le dire,
» la raison morale de son élévation. Il était bon frère, père
» tendre, époux fidèle, maître indulgent. Mais ses qualités
» de famille n'étaient point à l'épreuve de cet intérêt
» dynastique qui, devenu roi, domina tous les sentiments,
» toutes les actions de sa vie..... L'histoire lui repro-
» chera sévèrement d'avoir favorisé le développement
» d'un sytème de *corruption politique auquel la Res-*
» *tauration n'était pas demeurée, sans doute, étran-*
» *gère,* mais qui, à aucune époque du régime constitu-
» tionnel, même sous l'administration si décriée de
» Walpole, ne s'était produit avec plus de liaison et d'é-
» clat. Ce système machiavélique n'eut pas seulement
» pour objet de vicier dans l'élection les sources mêmes
» de la vie politique : il tendit à rendre tout pouvoir pour
» longtemps impossible en France, par le discrédit qu'il
» versa sur les fonctionnaires publics chargés de le met-
» tre en œuvre..... Egalement coupable dans son but
» et dans ses moyens, ce système immoral ne dédaigna
» pas des mobiles moins délicats encore; la vénalité sous
» toutes ses formes répondit aux sollicitations du pouvoir,
» et le confident le plus austère de la pensée du règne

» adressa sans honte à ses électeurs cette exhortation
» qui résumait le siècle : *Enrichissez-vous!* La France
» conserva tout juste assez de moralité pour rougir d'elle-
» même et pour faire justice de ce régime qui blessait
» les plus nobles instincts de la dignité humaine (1). »

Considérations morales.

Comme on le voit, la corruption gouvernementale, en
même temps que la corruption individuelle, avait pénétré partout, dans les élections, dans les fonctions publiques, dans les finances, dans le commerce, jusqu'au sein
des sciences et des beaux-arts : c'est bien alors qu'on a
pu dire avec toute vérité ; *Omnia venalia Romœ.*

Mais là ne se bornent pas les plaies morales du pays ;
la description ne saurait en être contenue dans un cadre
aussi étroit ; toutefois, il en est une principale, et qui les
domine toutes, car elle en est l'origine et la cause fonda-
mentale : c'est l'absence, l'indifférence ou l'oubli des
croyances religieuses.

Aucun peuple n'a existé jusqu'à ce jour sans professer une religion quelconque. C'est un fait unanimement
constaté et qui n'est sujet à aucune exception ni à aucune controverse, d'où la conséquence évidente que la
moralité comme les tendances d'une nation sont étroite-
ment liées à ses croyances religieuses ; c'est là ce qui
explique les efforts continuels des gouvernements ainsi
que des diverses sectes philosophiques, politiques et
autres, à l'effet de diriger, de modifier ou d'éteindre ces

---

(1) Paris, 1849, in-8. Pag. 208 et 209.

mêmes croyances, suivant leur intérêt, bien ou mal compris. En France, nonobstant la liberté des cultes consacrée par les lois comme par les mœurs, la religion catholique n'a cessé d'être celle de l'immense majorité de sa population. Cependant ses divers gouvernements ont commis alternativement, envers cette même religion, des crimes ou des fautes graves, mais chacun d'eux, par des motifs et des moyens diamétralement opposés ; il suffira de les rappeler succinctement.

Ainsi, durant le siècle précédent, l'immoralité et les désordres de la cour et de la noblesse, les richesses considérables que possédait le haut clergé, le luxe qu'il affichait et les mœurs relâchées de quelques uns de ses membres les plus éminents, jetèrent de la déconsidération, sinon sur la religion, qui ne saurait être responsable des écarts qu'elle-même déplore et réprouve, tout au moins sur ses ministres. C'est là un fait que l'histoire, les chroniques, la notoriété publique et des souvenirs contemporains s'accordent à constater ; le clergé, lui-même, le reconnaît avec impartialité dans les prédications comme dans les divers écrits qui émanent de lui. Il suffira de citer ici quelques lignes d'un ouvrage plein de recherches et d'érudition intitulé : *Études historiques sur le célibat ecclésiastique et sur la confession sacramentelle*, publié, en 1847, par M. l'abbé Pernet, du diocèse de Belley, avec approbation de Mgr l'évêque.

« Ne croyez point que la foi, au dernier siècle, ait vu
» son flambeau pâlir devant les lumières de la raison.
» Non, l'effroyable corruption de la régence et les grands
» biens du clergé qui faisaient envie lui portèrent des

» coups plus terribles que toutes les attaques des s...
» phistes. »

Plus loin, nous compléterons cette appréciation par d'autres documents plus significatifs.

La République de 93, voulant faire table rase de tout ce qui lui paraissait hostile, avait, la hache à la main, proscrit le culte catholique, après en avoir successivement persécuté, dispersé, dépouillé et massacré les ministres : elle s'était efforcée d'y substituer le culte des passions humaines : les fêtes civiques, ou plutôt les saturnales de la déesse Raison et des autres divinités firent redouter à nos pères le retour du paganisme. Puis, la Convention, sous le poids du ridicule et de l'odieux, fut obligée, elle-même, de faire justice de ces turpitudes ; elle finit par reconnaître et par décréter l'existence d'un Être-Suprême, ce qui était encore un blasphème ; le créateur de l'univers sait bien se faire reconnaître quand il le veut.

L'Empire, qui avait à cœur de fermer les plaies sanglantes de la révolution dont il repoussait soigneusement la responsabilité, se hâta de rouvrir les portes des églises catholiques et d'autoriser l'exercice du culte ; mais ce n'était alors, il faut le reconnaître, qu'une mesure toute politique : bientôt, enivré de ses triomphes, de ses succès prodigieux, le héros de cette magnifique épopée, habitué à voir s'agenouiller devant lui les princes, les rois et les gouvernements de l'Europe, n'a plus connu de bornes à ses volontés : il a prétendu leur asservir la liberté des consciences, l'indépendance de l'Église et de ses pontifes. Les violences morales et physiques exercées sur le pape, son arrestation, son enlè-

82

vement et sa captivité ont déversé sur son persécuteur,
dans toute la chrétienté, un ressentiment et une indignation qui ont sans doute contribué à sa chute et à son
double exil.

La Restauration, au contraire, au lieu de laisser à la
religion la liberté et l'indépendance qui en sont l'élé-
lément constitutif, et son influence naturelle sur la moralisation et sur le progrès, s'est efforcée d'en faire un
moyen de gouvernement, un instrument de politique rétrograde; elle a cru, par là, se fortifier et cimenter la
prétendue alliance du trône et de l'autel. Dans ce but,
elle a fait un objet de spéculation des pratiques extérieures du culte en accordant des faveurs à ceux qui
s'y soumettaient et en frappant de ses disgrâces ceux qui
s'y refusaient. Cette corruption a eu pour résultats, tout
à la fois, de violer la liberté des consciences, d'exciter
et d'encourager l'ambition par l'hypocrisie, de fournir
des prétextes aux déclamations calomnieuses contre la
religion, d'en éloigner les esprits incertains ou orgueil-
leux et de susciter des préventions et des animosités contre ses ministres. Mais la Restauration a subi la responsabilité de ces perturbations qui ont considérablement
contribué à son impopularité et à sa ruine. Quant à la
religion, en elle-même, supérieure aux erreurs ainsi
qu'aux misérables calculs des hommes et des gouvernements, elle ne saurait en souffrir; de tout temps, les
efforts qu'on a faits pour la détruire ou l'asservir n'ont
fait que lui donner plus de force et plus d'éclat. C'est ce
que vient de constater Mgr l'archevêque d'Avignon dans
ce passage intentionnel de son premier discours à ses
diocésains : *Les pouvoirs qui osaient traiter avec Dieu*

et lui mesurer sa place dans le monde sont tombés. *Une seule puissance reste debout et domine les ruines, c'est l'église de Jésus-Christ.* Ainsi, que le pape soit à Constantinople, à Rome, à Avignon, à Savone, à Paris, à Fontainebleau, à Gaële et partout ailleurs, il n'en restera pas moins le seul chef de l'église catholique; la catholicité elle-même n'en continuera pas moins ses conquêtes à la fois pacifiques et glorieuses, à travers les nations civilisées comme parmi les peuplades les plus sauvages et les plus lointaines. L'Angleterre, l'Allemagne, l'Afrique, l'Amérique, l'Océanie, la Nouvelle-Zélande, la Chine, le mont Liban, les forêts de l'Hymalaya, etc., etc., sont là pour attester ce mouvement continu. Cependant, comme le dit avec tant de justesse un auteur déjà cité, M. l'abbé Pernet : «Certains écrivains ne cessent de se » bercer eux-mêmes et de bercer les autres de cette » grande idée de la mort du catholicisme; il leur sem- » ble voir le colosse romain chancelant de toutes parts... » intelligences malades et inquiètes, qui, tout en répé- » tant à satiété, comme on le répétait déjà à Julien l'a- » postat, de son temps, que le catholicisme est mort, » ne s'aperçoivent pas que le catholicisme vit toujours, » se rit de leurs clameurs, les conduit au pas de course » à la tombe, leur jette quelques pellées de terre, et » qu'ils en ont pour jamais, ainsi que l'a dit Pascal.»

Le gouvernement de Louis-Philippe, pour éviter une semblable faute et un pareil dénouement, s'est jeté dans un excès opposé. En même temps qu'il a entravé et restreint l'enseignement catholique et l'a soumis au pouvoir universitaire, il a autorisé, ou toléré, dans les cours publics, dans le sein de l'université elle-même, dans les collèges, pensionnats et écoles, l'émission des doctrines subversives de toute croyance comme de toute morale. A cet égard, les plaintes et les réclamations ont été assez nombreuses et assez publiques, pour qu'il soit superflu de les mentionner ici de nouveau ; puis, des attaques incessantes ont été dirigées contre la religion par la majeure partie des journaux politiques et autres, par d'innombrables publications à l'adresse des lecteurs de tout âge et de toute condition. Ce scepticisme voltairien, ces sectes anti-catholiques, qui, sous des noms et avec des statuts diversement absurdes, n'ont été qu'une insulte flagrante au bon sens, ont tendu constamment à ce double but, l'excitation des appetits sensuels et la négation de toute rémunération, après cette vie, des bonnes et des mauvaises actions.

Partout, en Allemagne et en France principalement, les doctrines des philosophes rationalistes ont abouti au même résultat : hégélistes, ecclectiques, progressistes, humanitaires, saint-simoniens, fourriéristes, owistes, socialistes, communistes, tous avec des mots d'ordre différents, des passes-d'armes diverses, ont obéi à la même consigne et formulé des solutions identiques, le panthéisme, le sensualisme, le fatalisme, l'athéisme, le néant.

Ainsi, suivant les uns, *la divinité est composée de molécules infinis; chacun de nous, de nos auteurs et de nos descendants en serait une parcelle, la réunion de tout le genre humain, passé, présent et futur formerait et compléterait Dieu* (1). Dès lors, pourquoi ces infirmités physi-

_____

(1) A. Nicolas.

ques et morales, pourquoi ces naissances si imprévues, pourquoi, surtout, ces morts si hideuses et si incertaines quant à l'âge et aux causes, mais si certaines, si inévitables que malgré tous les efforts de cette prétendue divinité que chacun posséderait en soi-même, aucun de ces misérables dieux d'invention n'a pu encore échapper à la mort? Mais cette absurdité n'est pas même sincère : ce n'est qu'un prétexte pour satisfaire et excuser de mauvaises passions : car, suivant d'autres rationalistes, plus francs ou plus hardis, *la vertu n'est qu'un vain mot; l'homme vertueux n'a pas intrinsèquement plus de mérite que l'homme vicieux, car chacun d'eux ne fait qu'obéir aux instincts de sa nature, d'où il suit qu'il n'y a dans le monde ni vices ni vertus;* d'autres, les réformateurs modernes, Saint-Simon, Fourrier, Ower, vont plus loin encore : ils prétendent *que tous nos penchants sont bons et que ce sont nos devoirs qui sont désordonnés;* suivant eux, *l'harmonie consiste à suivre ses penchants et ses appétits les plus brutaux, sans frein et sans mesure; le désordre provient de ce qu'on n'est pas assez incontinent, assez disciple de la nature; céder à la nature, s'abandonner aux appels des sens, jouir de tout sans mesure, sans réserve, voilà la vertu* (1). Labruyère, le plus remarquable et le plus profond des moralistes anciens et modernes, a dit nettement: *Je voudrais voir un homme juste, chaste, tempérant, qui nie l'existence de Dieu, mais cet homme-là ne se trouve pas.* C'est en niant Dieu et l'immortalité de l'âme, que Lacenaire s'est ef-

_____

(1) A. Nicolas.

forcé de justifier l'usage du vol et de l'assassinat pour satisfaire ses honteux penchants; c'est aussi à l'aide de leurs misérables blasphèmes envers le Tout-Puissant que d'autres novateurs essaient de renverser la société et que, dans un accord tacite avec les bagnes, ils présentent à des hommes pervertis, ou égarés, cette étrange formule : *la propriété, c'est le vol.* Châtel, ce prêtre renégat, qui a prodigué l'insulte au pape et au clergé, n'a-t-il pas eu l'audace de *glorifier l'assassinat d'Abel par Caïn, en prétendant que ce dernier était le prolétaire et que l'autre était l'aristocrate?*

Que d'utopies, de méfaits, de suicides, de crimes de toute nature, dévoilés ou restés dans l'ombre, ont été la conséquence de la négation d'un Dieu rémunérateur, *surtout dans un temps de révolution, comme le nôtre, où le déclassement continu des conditions et des intérêts fomente et refoule à la fois tant d'ambitions, tant d'espérances et où la rupture des liens domestiques et sociaux vient aigrir par l'isolement les cœurs déjà blessés par la déception. De là tant de fatales explosions. La société, aujourd'hui, est comme une machine à haute pression et démunie de soupape de sûreté.* Mais à l'exemple de l'écrivain remarquable que nous venons de citer et comme il le dit si bien à l'occasion des mœurs et des sentiments de Luther, dépeints par lui même, *pour ne pas affliger quelques uns de ses lecteurs et ne pas les scandaliser tous* (1), l'auteur ne poussera pas plus loin l'exhibition des plaies de toute nature qu'a engendrées, sous le précédent gouvernement comme sous celui-ci, la négation

---

(1) A. Nicolas.

des croyances religieuses ; seulement, et, pour faire justice à l'avance de tout reproche d'exagération, il reproduira un document extrait de l'enquête officielle de
l'Académie déjà mentionnée et qui contient ce qui suit :
« Les mêmes mots tracés sur mes feuilles d'enquête
» par des myriades de travailleurs crédules, sincères et
» peu éclairés, témoignent évidemment d'une propa-
» gande commune et d'une espèce d'initiation générale
» et uniforme. On tente chaque jour de substituer le
» symbole d'une religion nouvelle aux vieilles croyan-
» ces de nos pères et de réveiller les appétits violents
» que celles-ci ont toujours cherché à éteindre. C'est
» au nom des idées de partage, de bien-être illimité, de
» besoins sans frein, qu'on appelle au banquet de la vie
» des classes longtemps déshéritées sans doute, mais
» qui s'élevaient tous les jours avec l'humanité tout en-
» tière à de meilleures destinées. »

Sans doute, nos efforts auront été insuffisants pour
traiter un sujet aussi vaste, et aussi élevé, mais s'il en
est résulté un enseignement quelque peu utile, si nous
avons apporté à l'œuvre de la régénération sociale un seul
des innombrables matériaux qui doivent y être employés,
fût-il le plus petit et le plus humble, nous n'aurons pas
travaillé en vain ; cette pensée a suffi pour nous soutenir.

Considérations politiques.

Il résulte évidemment de cet exposé, ou plutôt des
documents et des preuves qu'il renferme, qu'une partie
des souffrances morales et physiques de la France provient originairement des divers gouvernements qui ont

précédé l'avénement de la République, laquelle n'a fait
que développer et précipiter l'explosion de mines déjà en
combustion et prêtes à éclater à la première étincelle.
Cette appréciation, qui peut blesser des sympathies politiques, n'en n'est pas moins la vérité ; elle recevra, sans
doute, la sanction de l'histoire comme elle reçoit
déjà la sanction de l'apostolat et de la prédication :
on a pu le remarquer précédemment dans un discours
de Mgr l'Archevêque d'Avignon ; nous pourrions en signaler plusieurs autres ; nous nous bornerons à reproduire ce fragment d'une récente allocution du père La-
cordaire au grand séminaire de Dijon : « Depuis 60 ans
» les grandes catastrophes ont été multipliées pour la
» France et l'Europe qui se précipitaient vers une disso-
» lution dernière. Les princes, la noblesse, les savants,
» le clergé, la bourgeoisie et le peuple, tous avaient man-
» qué à leurs devoirs ; la corruption avait pénétré pres-
» que partout ; ceux qui n'étaient pas coupables étaient
» endormis. Sans la grande révolution et ses terribles
» leçons, l'impiété des rois et des peuples aurait atteint
» l'extrême limite. Une philosophie subversive et maté-
» rialiste s'attachait à détruire toutes les doctrines et
» menaçait de renverser toutes les bases de la société.
» Le sang des chefs et le sang des peuples, versé sur les
» échafauds et sur les champs de bataille, ont à peine
» suffi pour noyer les turpitudes du dernier siècle. »
Toutefois des perturbations déplorables, inouies, ont
surgi directement d'une révolution subite ; déjà elles ont
été signalées en partie avec franchise et sans déguise-
ment ; elles ne cesseront de l'être. La vérité est inexora-
ble ; mais une partie de la presse, et, à sa suite, une

partie du public ne se borne pas à en rejeter les torts sur les seuls et véritables auteurs de ces calamités, sur ceux qui ont proclamé la République et dirigé ses premiers pas ; on s'efforce d'en faire supporter la responsabilité par la République elle-même, qui n'est cependant qu'une forme, une dénomination gouvernementale, afin de la rendre odieuse, et, par là, impossible. Pour arriver à ce résultat, on exploite, tout à la fois, les affections et les regrets des partis légitimistes et dynastiques, les souffrances des classes les plus nombreuses et les moins éclairées, les préjudices occasionnés à toutes les autres. On insinue, on propage cette opinion, qu'en France la République ne peut durer ; qu'elle est, par essence, destructrice, révolutionnaire, et qu'elle ne comporte pas en elle-même des principes d'ordre, de convention et de moralité ; que, pour elle, c'est une nécessité de recourir aux moyens violents, à l'état de siège, à la dictature, et de suivre les funestes errements de sa sœur aînée de 93 ; que les républicains, dits de la veille, comme tous ceux qui ont désiré ou accepté avec empressement cette forme de gouvernement, n'ont pas formulé d'autres tendances ni appliqué d'autres moyens.

L'auteur s'efforcera de faire justice de ces allégations spécieuses et d'injustes préventions, bien moins pour rendre à la vérité un stérile hommage, que pour contribuer, autant qu'il le pourra, à préserver son pays des nouvelles commotions, des dangers et des maux imminents que lui occasionneraient un changement de gouvernement et les prétentions opposées des divers partis politiques. Dans ce but, il reproduira le document ci-après ; il a pour titre *Statuts des républicains de 1833*

présentés à la République de 1848, et a été publié peu
après l'avénement de celle-ci ; il contient ce qui suit :

Statuts des républicains de 1833, proposés à la République de 1848.

« Publier des documents positifs, applicables aux cir-
» constances actuelles, mais peu connus jusqu'ici, tel est
» le but de cet écrit. — L'auteur, ou plutôt le narrateur,
» ne songe point à grossir la phalange des aspirants légis-
» lateurs : aussi, en taisant son nom jusqu'à ce que les
» élections aient eu lieu, a-t-il voulu se soustraire au
» soupçon d'une réclame et non à une responsabilité
» qu'il ne fuira jamais.

« Dès 1832, les patriotes, éclairés par les mesures et
» les tendances du gouvernement dynastique, acquirent
» la certitude que les promesses de l'Hôtel-de-Ville, d'une
» *charte-vérité*, d'un *gouvernement populaire*, à bon
» *marché, entouré d'institutions républicaines*, n'étaient
» qu'un leurre ; les atteintes dirigées contre la liberté de
» la presse leur firent sentir la nécessité de créer, pour
» la protéger, des associations dans tous les départe-
» ments. Les députés les plus influents de l'opposition
» en furent, presque partout, les principaux fondateurs :
» des comités furent organisés dans les chefs-lieux de
» département avec des correspondants choisis dans les
» cantons.

« Pendant deux ans, ces comités s'efforcèrent, par la
» voie de la presse, d'augmenter les associations, d'étu-
» dier les besoins de l'époque, de provoquer du gouver-
» nement les améliorations praticables et de signaler ses
» fautes.

» En 1833, une assemblée générale des associations
» de France, dont les listes réunies représentaient plus
» de 300,000 adhérents, influents et éclairés, de toutes
» les classes, fut convoquée à Paris : chaque comité dé-
» partemental y envoya un délégué. Ce congrès était
» composé, en majeure partie, de députés et des publi-
» cistes les plus distingués ; nonobstant la session des
» chambres et le grand procès d'avril à la cour des pairs,
» où figuraient comme accusés et comme défenseurs di-
» vers membres de l'assemblée générale, celui-ci eut
» pendant plus d'un mois des séances presque quoti-
» diennes.

» Les questions les plus importantes y furent discu-
» tées et résolues : ainsi l'avénement de la République
» fut presque unanimement prévu et accepté. Joseph
» Bonaparte fit offrir directement à l'assemblée l'épée de
» l'empereur, enrichie de diamants, pour en employer
» la valeur dans l'intérêt de la liberté de la presse, en
» demandant seulement qu'à la chute de la dynastie
» d'Orléans les droits à l'empire fussent, non pas recon-
» nus, mais seulement réservés ; cette dernière condition
» fut mise en délibération et formellement repoussée.

» La constitution de la république future, essentielle-
» ment élective, était centrale pour la confection et
» l'exécution des lois comme pour toutes les questions
» d'intérêt public ; mais elle laissait aux conseils électifs
» des localités l'administration de leurs propriétés et in-
» térêts divers, départementaux et communaux, tout en
» les soumettant à des règlements et à des contrôles uni-
» formes, et à l'intervention de l'autorité supérieure
» dans le cas de conflits. Ainsi disparaissait, sans nuire

» à la force et à l'unité nécessaires au gouvernement,
» cette bureaucratie tracassière, ignorante des faits et des
» besoins des localités, par suite de son éloignement,
» souvent influencée et apportant des entraves et des re-
» tards nuisibles dans les questions les plus simples et
» les plus urgentes.

» A l'extérieur, la République aurait repoussé les con-
» quêtes, mais non l'agrégation des peuples qu'autorise-
» raient tout à la fois leur libre volonté et leur situation
» topographique.

» Elle voulait, l'Assemblée générale, toutes les amé-
« liorations qui lui paraissaient praticables, l'ordre et
» l'économie dans toutes les administrations, la suppres-
» sion des doubles emplois et des sinécures, une dimi-
» nution notable dans les gros traitements, une profonde
» modification dans l'assiette de l'impôt, de manière à
» atteindre graduellement et proportionnellement le re-
» venu mobilier et immobilier ; puis l'abolition de cer-
» tains impôts et la diminution d'autres qui pèsent prin-
» cipalement sur les classes les moins aisées : ces classes
» devaient, en même temps, être éclairées et moralisées
» au moyen de l'enseignement gratuit.

» Elle avait compris que l'industrie et le commerce
» ont besoin, par-dessus tout, de sécurité et de liberté,
« et que leur domaine ne se borne pas à Paris, à Lyon,
» ni même à la France ; mais qu'il embrasse le monde
» entier : qu'ainsi leur prospérité et leur existence elle-
» même dépendent d'une foule de circonstances qu'on
» ne peut ni réglementer, ni prévoir, celles de la con-
» currence étrangère et nationale, de nouvelles décou-
» vertes dans les arts et les sciences, la volonté, le ca-

» price du consommateur, du capitaliste, du fabricant,
» de la mode, du prix des matières premières, des den-
» rées alimentaires, etc. Dès-lors, l'Assemblée générale
» avait reconnu l'impossibilité de toucher à l'industrie et
» au commerce autrement qu'en propageant et en encou-
» rageant l'esprit d'association. Cette méthode véritable-
» ment fraternelle avait été, d'ailleurs, essayée avec suc-
» cès par des sucreries indigènes dans le nord de la
» France : elle consiste, tout en attribuant aux ouvriers
» leur salaire ordinaire pour une fabrication moyenne
» fixée par jour ou par semaine, à augmenter ce salaire
» pour tous et proportionnellement aux grades divers,
» à raison de l'accroissement de cette même fabrication
» moyenne : le montant de cette augmentation devait
» être placé tous les mois à la caisse d'épargne du dé-
» partement, au profit de chaque ouvrier, afin qu'il y
» trouvât une ressource dans l'avenir pour les temps
» difficiles. De cette manière, les ouvriers avaient un in-
» térêt commun à éviter les pertes de temps et les dé-
» gâts, puisqu'ils y étaient directement intéressés ; c'est
» ainsi que s'établissaient entre le fabricant et l'ouvrier
» des liens de fraternité qui, pour être durables, doivent
» être librement consentis et non pas imposés et règle-
» mentés par la loi. L'avenir démontrera si ce mode n'est
» pas le seul praticable, et s'il n'y a pas déception et
» imprudence dans les utopies aujourd'hui produites.

» L'Assemblée voulait encore que, pour secourir l'in-
» dustrie et l'agriculture, et les mettre à l'abri de l'usu-
» re, on organisât dans chaque chef-lieu d'arrondisse-
» ment une banque hypothécaire sous des conditions
» telles que les propriétaires et les capitalistes y au-

» raient eux-mêmes concouru spontanément, parce qu'ils
» y auraient trouvé toute sécurité. Déjà l'utilité de cette
» mesure a été comprise par le gouvernement qui vient
» de tomber, et un commencement d'exécution avait eu
» lieu ; mais la centralisation parisienne, l'intérêt de la
» banque de France, des receveurs-généraux et des gros
» financiers y ont mis obstacle.
» Le droit absolu d'association était reconnu, sauf à
» en réglementer les conditions, même pour les corpo-
» rations religieuses de tous les cultes : seulement, il
» devait leur être interdit d'accepter des dons de quel-
» que importance, d'acquérir des immeubles autres
» que les bâtiments nécessaires à leurs besoins. L'assem-
» blée voulait, par là, atteindre un double but, empêcher
» que les familles ne fussent spoliées par suite d'exalta-
» tions ou de captations religieuses, et qu'une partie
» considérable de la propriété amenée, par l'effet du
» temps, à l'état de main-morte, ne devînt moins pro-
» ductive et ne privât, en outre, le trésor public des
» droits importants de successions et de mobilisations.
» L'Assemblée générale admettait, en principe, l'éga-
» lité relative mais non absolue : elle voulait bien détruire
» à jamais, par l'élection ou par le concours, les privi-
» lèges du favoritisme et ceux de la naissance qui lui
» paraissaient blessants et injustes ; mais elle croyait,
» d'après l'expérience de tous les siècles et celle résul-
» tant, tout récemment, de nombreux essais d'éduca-
» tions communes, qu'il est aussi impossible d'obtenir
» l'égalité dans les intelligences, les instincts, les goûts,
» les passions, que dans l'étendue, la force et la confor-
» mation physique des corps : dès lors, elle pensa qu'elle

» ne pourrait, sans absurdité et sans crime, décréter
» l'égalité dans les fortunes, puisqu'elle serait impuis-
» sante à la maintenir ; que cette tentative serait néces-
» sairement précédée de la guerre civile et de l'anarchie ;
» que, si elle devait réussir, elle aurait pour résultat in-
» faillible de détruire toute émulation, tout progès, et
» de condamner, à l'avance, la république à l'ignorance,
» à la dégradation et à l'invasion étrangère.

» Offrir à chaque citoyen l'éducation gratuite, les mo-
» yens d'utiliser ses facultés intellectuelles et physiques,
» d'arriver aux distinctions et à la fortune par son mérite
» personnel et sa bonne conduite, c'était là tout ce que
» l'Assemblée espérait réaliser.

» La liberté individuelle, la liberté de la presse, la
» liberté de tous les cultes et, par conséquent, la liberté
» de l'enseignement furent reconnues, sauf le droit de
» surveillance et de répression formellement réservé à
» la République future contre l'émission de toute maxi-
» me tendant à son renversement et à celui de la morale
» publique.

» Les grands, les invariables principes d'ordre et de
» liberté furent donc unanimement proclamés, tel que
» le respect des propriétés, mobilière et immobilière,
» ainsi que de tous les offices, titres et autres droits
» quelconques acquis et transmissibles à prix d'argent,
» sauf le droit d'expropriation pour cause d'utilité publi-
» que avec indemnité équitable. Toute mesure contraire
» fut considérée, à l'avance, comme étant une confisca-
» tion odieuse, attentatoire à l'équité, digne d'un des-
» potisme royal ou de la tyrannie de 95 et il en fut de

» même pour la prévision d'une banqueroute et de nou
» veaux assignats.

» Suivant l'Assemblée, la République à venir, au
» moyen de l'ordre, de l'économie, de la moralité, de la
» probité, exigés sans relâche dans tous les rouages de
» l'administration, de la sécurité et de la confiance
» qu'elle inspirerait par là à tous les citoyens et aux
» gouvernements étrangers, en profitant des améliora-
» tions résultant de la première révolution et en évitant
» ses funestes excès, la République pourrait, sans aucun
» doute, acquitter loyalement toutes les charges de l'État
» et faire prospérer les finances.

» Aussi, la proposition faite à l'Assemblée, à la fin
» de la session, par quatre ou cinq de ses membres,
» d'admettre dans son sein et de soutenir dans les dé-
» partéments, au moyen des associations, de la presse,
» une société nouvellement formée à Paris sous la déno-
» mination de *Société des droits de l'homme*, fut-elle
» unanimement repoussée par un vote solennel et mo-
» tivé de chacun des délégués, lorsqu'elle eut formulé ses
» principes.

» C'étaient ceux-ci :

» 1° A l'avènement de la République, suspension, im-
» médiate de la liberté individuelle et de la liberté de la
» presse, à l'effet d'infuser par la coërcition et de forti-
» fier dans la nation le sentiment républicain dont elle
» ne paraissait pas être suffisamment imbue ;

» 2° Abolition immédiate du droit de propriété et
» d'hérédité dans les familles ;

» 3° Education commune et obligée de tous les en-

» fants de la République, hors de toute influence de
» leurs parents;

» 4° Etablissement des clubs sous les anciennes dé-
» nominations terroristes Danton, Robespierre, etc.

» Le vote répulsif et presqu'unanime de l'Assemblée
» générale avait été précédé de huit jours de discus-
» sions, ou plutôt d'explications à l'effet d'éclairer les
» quatre ou cinq membres qui avaient fait cette fâ-
» cheuse proposition et de les amener à la retirer sponta-
» nément.

» Armand Carrel, surtout, dont les lumières, la haute
» intelligence et le patriotisme n'ont jamais été mis en
» question et dont la perte est aujourd'hui si regrettable,
» formula son opinion avec une lucidité et une énergie
» remarquables; ce souvenir a dû d'autant moins s'effacer
» de la mémoire des membres encore vivants de l'Assem-
» blée qu'il s'y joignit une particularité presque drama-
» tique.

» Il stigmatisa l'odieux et l'inutilité de la confiscation
» de la propriété mobilière et immobilière sous prétexte
» d'un partage égalitaire impossible à maintenir.

» Imposer à tous les enfants de la République une
» éducation commune et les soustraire à la sollicitude et
» à la surveillance de leurs parents lui paraissait une
» monstruosité à peine applicable aux républiques d'A-
» thènes et de Sparte.

» Il repoussa formellement le rétablissement des
» clubs, de sinistre mémoire, soit parce qu'ils rappe-
» laient les plus mauvais jours de la Terreur, soit parce
» qu'ils seraient avantageusement remplacés par les
» associations dont le but spécial, connu à l'avance, se

7

» rait plus utile et plus moral et l'action plus calme et
» plus régulière : à cet égard, il prétendait qu'on devait
» écarter avec soin tout souvenir, toute espèce de con-
» formité et de solidarité avec les crimes et les souillures
» d'une époque contre lesquels la province, les campa-
» gnes surtout, avaient conservé une répugnance et une
» antipathie très prononcées; qu'il venait lui-même de par-
» courir une partie de la France et que, *sous ce rapport,*
» *il partageait l'opinion des autres délégués de départe-*
» *ments;* qu'il était donc nécessaire, tout en profitant
» des améliorations qu'avait produites la première révolu-
» tion, d'éviter désormais, autant que possible, les noms,
» les dénominations, le langage spécial et les excentri-
» cités de cette époque ; que d'ailleurs le progrès des arts
» et de la civilisation et de nouveaux besoins appelaient
» une République toute nouvelle, repoussaient une servile
» imitation et ne pouvaient s'accommoder du bagage et
» des lambeaux pourris ou usés de ces temps déjà éloignés.

» La proposition liberticide de suspendre immédiate-
» ment la liberté individuelle et la liberté de la presse
» pour mieux républicaniser la France, excita pardessus
» tout l'indignation d'Armand Carrel ; il demanda com-
» bien de temps durerait cette dictature, quelle garan-
» tie serait donnée aux citoyens non seulement pour
» cette durée, mais encore pour le maintien de leur
» fortune et de leur vie contre les pouvoirs exorbitants
» et les intentions de ces proconsuls, et contre la hache
» de leurs licteurs : il déclara à ce sujet que, pour lui,
» ne voulant, à aucun prix, faire partie d'une dictature
» ou d'un consulat dont la responsabilité lui paraissait
» trop lourde, il n'entendait pas non plus octroyer vo-

» lontairement, à l'avance, à qui que ce fût, le droit de
» lui bâillonner la bouche, de briser sa plume, de l'em-
» prisonner et de l'assassiner sans autre forme de pro-
» cès, le tout au nom de la *liberté,* de l'*égalité,* et de la
» *fraternité;* cette tyrannie lui paraissait pire cent fois
» qu'un despotisme impérial ou royal.

» Armand Carrel termina son impétueuse allocution
» par une personnalité qu'il ne put maîtriser: ainsi, il
» déclara qu'il éprouvait un profond regret et le plus vif
» chagrin de se trouver en opposition sur ces questions
» majeures avec son meilleur, son plus ancien ami, ce-
» lui avec lequel il n'avait cessé, jusque là, d'avoir les
» relations les plus intimes, relations que le temps et
» les sympathies politiques semblaient avoir fondées pour
» toute la vie, avec *Godefroy Cavaignac* (présent à l'As-
» semblée, et qui était tout à la fois l'un des délégués et
» président de la nouvelle Société des droits de l'homme);
» mais qu'il ne pouvait, lui Carrel, s'empêcher, malgré
» toutes ses répugnances, de lui signifier, en présence
» de l'Assemblée, que si jamais les principes odieux de
» cette société avaient quelque chance de succès, il était
» résolu à les combattre non seulement par la voie de la
» presse et tous les moyens légaux, mais encore *à coups*
» *de fusil.*

» L'Assemblée générale, en se séparant, quelques
» jours après, fit remettre à chacun des délégués un
» exemplaire lithographié, signé du président et du se-
» crétaire, de toutes les délibérations de la session, avec
» invitation de les remettre à leurs divers comités en les
» appelant à voter spécialement sur la Société des
» droits de l'homme. Il fut convenu, de plus, entre les

» délégués que, partout où les comités ne la repousse-
» raient pas à l'unanimité, chacun d'eux devrait non
» seulement se retirer de l'association, mais encore
» s'efforcer de l'éclairer sur ces odieuses maximes, afin
» qu'elle ne contribuât pas, à son insu, à propager et
» à soutenir une œuvre si contraire à celle pour laquelle
» elle avait été fondée originairement.

» M. Voyer-d'Argenson, qui était, tout à la fois, pré-
» sident de l'Assemblée générale des associations et
» vice-président de la Société des droits de l'homme, a
» donné, quatre mois après, sa démission de cette der-
» nière qualité, publiquement, dans un journal, et avec
» une amertume qui a dû être comprise par plusieurs :
» on le lui avait prédit. Aujourd'hui qu'il n'existe plus,
» cette circonstance peut être mentionnée sans blesser
» les convenances.

» Quant à Armand Carrel et à Godefroy Cavaignac,
» tous deux sont morts aussi, et sans que ni l'un ni l'au-
» tre aient répudié ou modifié leurs convictions si pro-
» fondément opposées. Cependant une immense popu-
» lation est allée naguères, peu après l'avènement de la
» république, au cimetière du père Lachaise, célébrer
» la mémoire et faire l'apothéose de ces deux personna-
» ges politiques en leur prêtant des sentiments, des
» convictions et des principes absolument identiques,
» et dans quel sens encore !...

» Le narrateur se serait probablement abstenu de re-
» lever une erreur aussi énorme (car l'erreur et le men-
» songe pullulent) si l'intérêt public ne lui en avait fait
» un devoir et si ces documents ne se rattachaient pas,
» du reste, à des appréciations, à des solutions utiles

» au salut de la patrie : il s'est borné, d'ailleurs, à ren-
» dre hommage à la vérité : sa conscience, les nombreux
» témoins qui existent encore, les doubles des délibé-
» rations de l'Assemblée générale qui ne sont pas tous
» anéantis, une sorte de notoriété, s'accordent à le
» constater.

» UN DES DÉLÉGUÉS À L'ASSEMBLÉE GÉNÉRALE
» DES ASSOCIATIONS EN 1833. »

Quant à la véracité, et à l'authenticité de ce document,
l'auteur se bornera à invoquer le témoignage de ceux des
journaux de la province et de Lyon ainsi que des principaux journaux de Paris qui l'ont reproduit : il s'abstiendra, par convenance et en raison de sa position excep-
tionnelle, de mentionner toute approbation autre que
celle qui aurait été rendue publique ; car, il se trouve
être le révélateur de ces statuts auxquels il avait, lui-
même, coopéré, dans le temps, soit comme délégué direct du département de l'Ain, soit comme représentant,
par substitution, de celui du Rhône.

L'Univers, dans son n° du 21 avril 1848, contient ce
qui suit : « Nous trouvons dans le *Journal de l'Ain* une
» pièce très remarquable, intitulée : *Statuts des républi-
» cains de 1833, proposés à la République de 1848.*
» L'auteur ne se fait point connaître. Ne songeant point,
» dit-il, à grossir la phalange des candidats législateurs, il
» veut éviter tout soupçon d'agir dans un intérêt personnel.
» Il signe : *Un des délégués à l'assemblée générale des as-
» sociations en 1833*, et tout son écrit montre qu'il
» n'usurpe point ce titre. Ce n'est donc pas un *réacteur*,
» mais un vrai républicain de la veille. M. le ministre

» de l'intérieur, lui-même, si difficile sur les origines,
» n'aurait rien à lui reprocher. Voyons comment ce ré-
» publicain de la veille et ses amis entendaient la Ré-
» publique. »

Après avoir publié ces statuts, le journal y ajoute les
réflexions suivantes : « Cette page d'histoire est instruc-
» tive. Elle explique à merveille pourquoi, dans plusieurs
» départements, les républicains les plus fermes et les
» plus anciennement déclarés sont] ou frappés d'ostra-
» cisme par certains commissaires du Gouvernement
» provisoire, ou à la tête de la résistance que rencontrent
» ces derniers. Elle montre aussi quels sont et où veu-
» lent nous conduire ces hommes, qui prétendent au-
» jourd'hui avoir seuls des sentiments républicains. Si
» Armand Carrel vivait, ils ne verraient en lui qu'un
» *réacteur*.

» Nous ne demandons pas si ces hommes ont la France
» avec eux. Ils étaient peu nombreux en 1833, ils l'é-
» taient moins encore à la veille de la Révolution de
» 1848. Si, depuis, leur nombre s'est accru, ce n'est
» pas par la persuasion, et ce nombre, quel qu'il soit,
» ne forme encore qu'une imperceptible minorité dans
» le sein du pays, rattaché tout entier aux doctrines de
» salut que Carrel défendait contre eux. Ce qui prouve
» leur faiblesse, c'est leur violence. Contre l'instinct de
» la civilisation qu'ils épouvantent et qu'ils révoltent, ils
» en appellent au despotisme, car ils ne peuvent rien
» par la liberté. Le grand péril de la situation, c'est
» qu'il n'y a qu'une émeute, que le succès d'un coup de
» main entre ces hommes et le pouvoir. Que la France
» y prenne garde. Elle est aujourd'hui républicaine de

» la veille, il lui reste à se protéger contre les révolu-
» tionnaires du lendemain. »

Le *Journal de l'Ain*, du 10 mai, apprécie en ces termes ce même document :

« La discussion est si vaste sur les bases du nouvel
» état politique, et à ce sujet se produisent des projets
» si subversifs de l'ordre social, des doctrines si insen-
» sées, propagées par de violentes et sinistres publica-
» tions, qu'il importe de rappeler l'attention des lec-
» teurs sur un document publié par les journaux de
» cette ville, sous le titre du *Statuts républicains* de
» 1833. C'est un simple récit ; mais ce récit historique
» est précieux à constater. Il a surtout un mérite remar-
» quable d'actualité. Les préoccupations électorales ont
» naturellement nui à sa publicité ; car jusqu'à ce jour,
» à notre connaissance du moins, il n'a été reproduit
» que par un journal de Paris, qui, comme nous, en a
» compris toute l'importance.

» Dans cette imposante assemblée de 1833, composée
» des notabilités du parti républicain, prises en majeure
» partie parmi les publicistes et les députés, le bon et le
» mauvais génie républicain furent aux prises comme au-
» jourd'hui ; les libertés publiques, ayant pour base le
» principe démocratique, mais aussi la modération,
» l'ordre, la justice, le respect de tous les droits, la
» saine interprétation de l'égalité politique et sociale, y
» triomphèrent. De vives lumières, une haute raison
» présidèrent à l'ardente discussion de ce programme et
» à son adoption. Les principes de la *Société des droits*
» *de l'homme*, de cette même Société qui, à ce jour,
» agite sa politique violente et cherche à la faire préva-

» loir, y furent repoussés avec force. Qu'on lise dans ce
» document la ferme délibération du congrès républicain
» de 1833 ; elle réfute victorieusement, par les résolu-
» tions qui y furent adoptées à la presque unanimité,
» les doctrines des ultra-républicains d'alors comme
» d'aujourd'hui ; elle explique les graves dissidences qui
» partagent maintenant les républicains de la veille ; elle
» trace la voie libérale dans laquelle doivent marcher les
» patriotes éclairés, sous les auspices de l'illustre Ar-
» mand Carrel.

» La véracité de ce récit n'a pas été contestée ; il repo-
» se, en effet, sur des faits et des pièces dont un certain
» nombre d'acteurs et de détenteurs vivants peuvent af-
» firmer l'exactitude. Quelques uns d'entre eux sont pré-
» sentement dans les hautes régions du pouvoir : qu'ils
» disent si ce récit n'est pas la reproduction fidèle des
» délibérations de l'assemblée de 1833.

» Nous qui sommes à même d'apprécier la position et
» le caractère de son auteur, nous ne pouvons concevoir
» aucun doute sur la fidélité de ses souvenirs. Il est, du res-
» te, évident que cette révélation n'est pas le rêve d'un
» homme, et qu'un écrivain serait mal venu à imaginer
» ou à altérer des faits de cette sorte, lorsque tant de té-
» moins vivent encore et que les procès-verbaux con-
» servés sont là pour le démentir. Nous nous étonnons
» donc, pénétrés de l'importance de ce document,
» *qu'aucun des nombreux collègues du révélateur, et que*
» *le révélateur lui-même, n'aient songé jusqu'ici à récla-*
» *mer l'application de ces statuts et à faire revivre ces*
» *grandes et fortes résolutions du congrès de* 1833. Ce
» serait, au nom d'Armand Carrel, de ce publiciste

» éminent, de ce partisan éclairé du principe démocra-
» tique, condamner les funestes doctrines qui jettent
» l'effroi et le trouble au sein de la nation, et proclamer
» en même temps les vérités éternelles de morale poli-
» tique et d'ordre social qui doivent être la base de
» la constitution de 1848. »

Le même journal, dans son numéro du 29 mai, renferme ce qui suit : « Nous avons publié, dans notre feuille,
» les statuts républicains arrêtés dès l'année 1833 par
» les hommes les plus considérables du parti, et qui
» pourraient servir de base aujourd'hui pour le projet de
» constitution si difficile à établir. Ces statuts ont été re-
» produits par plusieurs journaux. »

Le *Salut public* de Lyon, en les publiant, les fait
suivre des lettres suivantes :

« Ce qui précède a déjà paru dans le *Journal de l'Ain*,
» mais sans le nom du narrateur. Plus heureux que
» notre confrère, nous pouvons offrir à nos lecteurs la
» déclaration suivante de M. Morellet, délégué à la
» réunion républicaine de 1833, pour le département de
» l'Ain.

» Depuis la publicité donnée à ces statuts, quelques
» approbations confidentielles sont venues, à la vérité,
» confirmer l'exactitude rigoureuse de mes souvenirs,
» mais je comptais sur un résultat plus significatif :
» j'espérais que des collègues, plus influents que moi,
» par leur mérite personnel et par leur position politi-
» que (et il n'en manque pas), s'empresseraient de
» prendre l'initiative et de réclamer hautement l'applica-
» tion de ces principes. Il n'en a pas été ainsi : d'un au-
» tre côté, le *Journal de l'Ain*, dans son numéro du 10

» courant, m'ayant fait, en quelque sorte, un reproche
» de la réserve que je m'étais imposée, le silence ne m'est
» plus permis.

» En conséquence, je crois devoir rappeler publique-
» ment à mes collègues de 1834, qu'avant notre sépara-
» tion il fut formellement convenu que, lors de l'avène-
» ment de la République, tous ceux d'entre nous qui,
» par leurs convictions comme par leurs antécédents
» politiques, seraient restés fidèles aux principes de la
» majorité, devraient se réunir à Paris et concourir ef-
» ficacement à en assurer le succès.

» J'ajoute que si les circonstances l'exigent, je pu-
» blierai au besoin la liste nominative des délégués. »

Voici une lettre adressée à M. Morellet par M. Jules
Séguin :

« J'ai lu avec un vif intérêt le récit du résultat de no-
» tre réunion de 1833. Obligé de quitter Paris pendant
» nos délibérations, je vous confiai le mandat de me
» représenter, bien convaincu, par suite de nos explica-
» tions personnelles, que vous exprimeriez fidèlement
» nos opinions et celles du département du Rhône sur
» les grandes questions qui s'agitaient alors : je m'em-
» presse aujourd'hui, comme en 1833, à mon retour à
» Paris, d'acquiescer à tout votre récit et de demander
» l'application de ces principes concurremment avec
» nos collègues. »

Mais, alors, l'odieuse tentative du 15 mai dominait
naturellement les esprits et s'opposait à toute autre
préoccupation : elle ne permit pas de prendre les dispo-
sitions nécessaires pour effectuer cette réunion.

Le *Salut Public* de Lyon, dans sa feuille du 31 mai, renferme un article remarquable sur cette publication, il est ainsi conçu : « Nous sommes informés que des délégués
» à l'assemblée générale des associations de 1833, dont
» nous avons publié les statuts dans notre numéro du 17
» mai, se décident enfin à se réunir à Paris pour en récla-
» mer l'application. Il est regrettable que le reproducteur
» de ces principes, par suite d'une modestie ou d'une ti-
» midité dont les motifs d'ailleurs sont honorables, n'ait
» pas donné à son écrit une plus grande publicité. Mieux
» vaut tard que jamais. Au reste, adressé à chacun des
» membres de la constituante, dont plusieurs ont fait
» partie du congrès républicain de 1833, ce rappel aux
» saines doctrines, aux véritables principes de *liberté*,
» *d'égalité* et de *fraternité*, sera un point d'appui pour
» tous ceux qui en poursuivent sérieusement la pratique
» et en même temps un acte d'accusation contre ceux
» qui ne veulent faire de ces nobles sentiments qu'un
» masque pour déguiser leurs mauvais instincts, »

» Comment interpréter le silence de certains journaux
» de Paris et des départements sur ce document qui est
» cependant de la plus haute importance, et dont la vé-
» racité n'a pas été et ne peut pas être contestée ? Se-
» rait-il un embarras ou un reproche pour certains per-
» sonnages influents qui, dans le temps, y auraient
» donné leur assentiment, et qui, aujourd'hui, ont mo-
» difié leurs opinions en raison de leurs positions ou de
» leurs intérêts ? C'est ce que l'avenir nous apprendra.

» La presse ultra-républicaine, dite de la veille, ainsi
» que ses hauts patrons qui s'intitulent si fièrement aussi
» républicains de la veille pour repousser ceux du jour

» et du lendemain, n'oseraient-ils mettre en regard de
» leurs absurdes et funestes utopies ces maximes tout à
» la fois saines et praticables qui ont pour elles la sanc-
» tion du temps et celle des hommes éminents qui les
» ont sérieusement méditées, discutées et votées? Ces
» républicains de la veille, si exigeants à l'endroit de
» leur quartier de noblesse, c'est à dire des dates, n'ont
» pas même la ressource ; le prétexte, à défaut de bon-
» nes raisons, d'attaquer et de repousser, *à priori*,
» cette œuvre comme entachée ou suspecte d'une ori-
» gine monarchique.

» Elle émane, cette œuvre, des républicains les plus
» anciens et les plus indépendants, hommes de l'avant-
» veille, constitués, éprouvés, et agissant lorsqu'il y
» avait de véritables dangers à se proclamer tels, pen-
» dant le grand procès de la Cour des pairs.

» Peut-être qu'alors beaucoup de nos républicains de
» la veille laissaient sommeiller dans leur ame ce pa-
» triotisme, ce radicalisme ardent, furibond qui, de-
» puis lors, les a embrasés. Chez d'autres, sans doute,
» ce sentiment n'était pas encore éclos ; d'autres, en-
» fin, suivaient probablement une toute autre voie. A
» tout péché miséricorde, nous ne nous y opposons pas ;
» mais alors les anciens leur recommandent d'avoir un
» peu plus d'indulgence et d'être moins exigeants, moins
» exclusifs, surtout, lorsque l'intérêt véritable de la pa-
» trie et de la république est la concorde et la fraternité.

» Les statuts républicains de 1833 ne pourraient être
» sérieusement entachés ou incriminés de vieillerie,
» surtout par les républicains de la veille ou du jour ;
» car ceux-ci veulent absolument revenir aux errements

» de 93., tandis que ceux de 1833 les repoussaient du
» pied comme des lambeaux pourris ou usés, et vou-
» laient fermement une république neuve, appropriée
» aux temps et aux mœurs, exempte surtout des fautes
» et des crimes de sa vieille sœur aînée. Armand Car-
» rel, dont l'esprit était si droit, l'intelligence si pro-
» fonde, le jugement si ferme et le cœur si noble, en a
» adopté les principes de la façon la plus complète. Il
» voulait même qu'on repoussât les excentricités de cette
» sinistre époque. Que dirait-il aujourd'hui à ceux qui
» veulent en évoquer les traditions absurdes et ridicules,
» pour nous les imposer, sinon qu'ils n'ont rien oublié
» et rien appris ! »

Un autre journal de Paris, *la Révolution de* 1848,
dans son numéro du 19 juin, fait précéder la publication
de ce document des observations ci-après : « Ce n'est
» pas d'aujourd'hui que datent les divisions au sein du
» parti républicain. Heureusement si les prétentions dan-
» gereuses, si les maximes subversives comptent des
» adeptes parmi ceux qui croient défendre la Répu-
» blique en exaltant leurs propres passions, la partie
» sage et raisonnable a toujours eu pour elle la force du
» nombre et l'autorité du talent.

» Dès 1834, à ce moment où, sans pouvoir préciser
» l'avénement de la République, des hommes sérieux,
» des penseurs profonds, des écrivains d'un grand mé-
» rite, discutaient avec indépendance et maturité les
» conditions auxquelles la République serait possible par
» la justice et la vérité ; ces hommes adoptaient des
» principes et en proscrivaient d'autres.

» Aujourd'hui que l'heure est venue d'appliquer tout

» ce qu'il y a de grand et d'utile dans les idées répu-
» blicaines et d'en éloigner tout ce qu'elles renferment
» d'odieux pour la morale, d'attentatoire à la liberté et
» de dangereux pour l'ordre public, nous sommes heu-
» reux de nous trouver parfaitement d'accord avec la
» règle de conduite adoptée en 1833 par les 85 délé-
» gués de tous les départements de France et signée
» par Armand Carrel; cette signature est le plus noble
» et le plus digne cachet qui puisse jamais servir de con-
» sécration à des principes sages et libéraux.

 » Ce qui va suivre est raconté par un témoin oculaire.
» Ces débats, dont le souvenir est si utile à consulter,
» ne pouvaient être rappelés avec plus de fidélité et sur-
» tout avec plus de courageuse franchise; nous les re-
» commandons à l'attention de nos lecteurs et aux médi-
» tations de ceux qui auraient encore pour l'opinion ré-
» publicaine une de ces défiances systématiques que la
» prévention peut seule entretenir. »

Ce journal a aussi reproduit les lettres ci-dessus en
annonçant qu'il allait publier l'adhésion de M. Cormenin.

Le *Journal de l'Ain*, dans son numéro du 13 septembre reproduit l'adhésion de M. Cormenin déjà publiée
dans un autre journal de Lyon ainsi que les réflexions
ci-après. Nous trouvons dans le *Salut Public* de Lyon
l'article suivant, dont le mérite et l'importance seront
appréciés par nos lecteurs :

 « L'horrible tempête subie par la capitale est venue
» donner une triste consécration aux prévisions signalées
« dans votre journal, sur l'existence des clubs, par l'un
» de nos abonnés. M. Morellet, ancien notaire à Bourg.

» Déjà le gouvernement se voit obligé de les réglementer
» et même de les restreindre; ne vaudrait-il pas mieux
» les supprimer et les remplacer par l'autorisation des
» associations qui ont un but réel, déterminé, comme
» le proposait M. Morellet, conformément, d'ailleurs, au
» vote émis, en 1833, par l'assemblée générale des as-
» sociations de la presse. Armand Carrel, dont le nom
» seul fait autorité, fut le principal organe de cette opi-
» nion. Cette assemblée repoussa également, comme
» impossible, l'organisation du travail; mais elle encou-
» ragea l'esprit d'association; il est fort probable que si
» l'on eût adopté tout de suite ce système vraiment fra-
» ternel, on n'aurait pas à gémir sur le sang répandu,
» et à craindre encore pour l'avenir.

» Au reste, ce congrès, composé d'hommes politiques
» très avancés, a reconnu et proclamé les grands princi-
» pes de liberté, d'ordre et de moralité. Notre journal,
» comme tous ceux de Paris et de la province qui les ont
» publiés, se sont accordés à le constater. Aucun ne les
» a réfutés ou contestés, car ce sont des vérités qui ne
» passent point. L'Assemblée nationale ne peut s'en
» écarter si elle veut faire quelque chose de durable; on
» aura beau élaborer, torturer des projets de constitu-
» tion, il faudra toujours en revenir au vrai, au juste, au
» possible.

» Nous avions annoncé précédemment qu'une réunion
» d'anciens délégués de 1833 devait avoir lieu à Paris,
» à l'effet de réclamer l'application des statuts adoptés
» alors. On comprend que d'aussi graves complications
» s'y saient opposées; il faut laisser aux esprits le temps
» de se calmer. *Toutefois, nous sommes autorisés à dé-*

» clarer que M. Cormenin, qui partageait les principes
» d'Armand Carrel et de Garnier-Pagès, ses amis par-
» ticuliers, avait, lui-même, en sa qualité de délégué,
» adhéré à ces statuts. Déjà, avant ces déplorables évé-
» nemens, un journal de Paris avait annoncé qu'il pu-
» blierait cette adhésion. »

Le *Salut public* de Lyon, dans son numéro du 18 septembre, contient la lettre ci-après, à propos des élections du Rhône : « M. le rédacteur du *Salut public*,
» Pour faire bonne et prompte justice des propos ca-
» lomnieux et des suppositions malveillantes que la ré-
» publique rouge et la république prétendue sociale s'ef-
» forcent de répandre contre la candidature de M. Rivet,
» je me hâte de vous donner connaissance du fait ci-
» après, que vous pouvez tenir pour certain, qui serait
» prouvé au besoin, et que je suis autorisé à publier, si
» vous le jugez convenable.
» Il y a environ un mois que M. Morellet, ancien no-
» taire à Bourg, auteur, ou plutôt narrateur des statuts
» républicains de 1833, qui ont été publiés par votre
» journal, et reproduits ensuite par les principaux jour-
» naux de Paris (la *Réforme* et le *National* exceptés),
» m'a communiqué, ainsi qu'à plusieurs de nos amis,
» une lettre de M. Rivet, son ancien camarade, par la-
» quelle il lui exprimait son approbation la plus formelle
» au sujet de ces mêmes statuts. Il y avait même for-
» mellement exprimé cette opinion que si, à l'avéne-
» ment de la République, on n'eût pas dévié de ces prin-
» cipes, on serait aujourd'hui dans une bien meilleure
» position.
» J'ai jugé par là comme par d'autres considérations

» émises 'par M. Rivet dans cette même lettre, qu'il
» donnait son adhésion pleine et entière à une républi-
» que honnête, telle que la veulent et l'entendent les
» hommes éclairés et consciencieux.

» Agréez, etc. »

Enfin les principaux journaux de Paris, notamment
le Siècle, *les Débats*, *la Presse*, ont publié ce document à diverses époques et y ont exprimé leur approbation formelle, chacun à son point de vue.

Quant aux journaux socialistes ou révolutionnaires de
Paris et des départements, leur silence absolu, unanime
sur ce document, silence devenu plus significatif encore
en présence des provocations des autres journaux, n'est-
il pas un aveu tacite de leur impuissance à le démentir
et même à le critiquer? On a, sans doute, remarqué
qu'à l'avénement de la République ils ont eu la hardiesse
de se parer du nom et de l'autorité d'Armand Carel : la
vérité leur a infligé le démenti le plus formel : ce ne sera
pas le seul.

Si nous avons donné autant d'extension à ces diverses appréciations de la presse, c'est qu'il nous a paru
indispensable de ne laisser planer aucun doute sur l'authenticité et l'importance de cette publication.

Nous avons lieu d'espérer que cet examen aura suffi
tout à la fois :

Pour faire apprécier l'énorme différence, l'opposition
virtuelle qui existe entre les principes et les actes de ces
prétendus républicains, dits de la veille, qui surgissant,
en 1848, d'une révolution imprévue, se sont imposés à
la nation ; et ces statuts librement et paisiblement dis-
cutés et acceptés en 1833, à la suite de deux années
d'études consécutives ;   8

Pour prouver que la France possède les éléments cons-
titutifs d'une république honnète, intelligente, économe,
conciliatrice de tous les droits et de tous les intérêts et,
par conséquent, prospère et durable ;

Pour constater, enfin, que ces mêmes principes ne
sont pas du domaine exclusif de quelques individus
et de certaines localités, mais qu'ils ont leurs sources,
leurs racines, dans la France tout entière, puisque chaque département y avait coopéré par son délégué.

Mais il est une mesure qui, à l'avènement de la République, a vivement froissé les justes susceptibilités du pays :
c'est ce système d'exclusion, anti-national, pratiqué dans
toute la France au nom, même, *de la fraternité* et avec
une outrecuidance sans égale : ces patriotes qui, pour
la plupart, étaient inconnus, ou dont l'opposition, dans
les temps de luttes, a été dépourvue de franchise, de
courage et de toute dignité, ont apporté une ardeur sans
égale à exploiter la nouvelle république ; ils ont failli
l'étouffer dans leurs embrassements sacriléges. Igno-
raient-ils donc, à défaut de bons sentiments, qu'un gouvernement nouveau, la République surtout, qui est le
gouvernement de tous, a besoin du concours de tous les
citoyens, qu'il a un immense intérêt à rechercher les
adhésions et à ne pas se créer des hostilités, à réunir,
enfin, sur un terrain commun, celui de la conciliation,
les hommes de toutes les opinions et de tous les partis,
sans autres conditions que celles de *la moralité* et de
la capacité? Nous croyons avoir le droit de demander à
ces républicains si exclusifs, quels sont leurs titres à tant
de prétentions et en quoi consistent leurs actes de dévouement envers cette forme de gouvernement qu'ils se

vantent d'avoir si exclusivement et si tendrement chérie? Croiraient-ils, par hasard, qu'il aura suffi d'avoir fait partie de quelque société secrète, d'avoir pris part à quelque complot obscur dont la responsabilité, en cas d'insuccès, ne devait être supportée que par des hommes d'action, inintelligents ou égarés? Mais ce n'est point ainsi que l'entendent les républicains honnêtes et consciencieux, ceux qui préfèrent le bien de leur pays au triomphe passager de leur opinion politique. A ce sujet, nous croyons devoir reproduire comme enseignement utile et intéressant l'opinion émise par Armand Carel dans le congrès de 1833, lors de la discussion sur *la société des Droits de l'Homme*. Le narrateur ne craint pas d'être démenti au sujet de ces nouveaux détails plus qu'il ne l'a été à propos des autres qui étaient beaucoup plus importants : un sentiment de réserve et de discrétion qui, aujourd'hui, n'existe plus au même degré et la crainte de compromettre le résultat qu'il espérait de sa première publication, en 1848 (la réunion de ses collègues et l'approbation des statuts), l'ont décidé, alors, à ne pas y mentionner les particularités ci-après : au reste, il en est beaucoup d'autres, importantes et vivaces, qui se rattachent à ce congrès, ou qui en ont été la conséquence et que l'auteur s'est abstenu de reproduire par modération ou parce qu'elles ont un caractère personnel : il ne le ferait qu'à regret et qu'autant qu'il y aurait nécessité.

Armand Carrel protesta donc énergiquement contre cet odieux projet d'imposer de force à la nation le système républicain et de le maintenir par la violence et la dictature ; suivant lui, tout citoyen qui aimait sincèrement son pays ne devait désirer et rechercher que la forme de gouvernement qui convenait évidemment à la majorité ; il déclara qu'en ce qui le concernait, s'il était convaincu que le vœu réel de la France fût, non pas seulement de rester sous le gouvernement de Louis-Philippe , mais même de retourner sous celui de la Restauration, il n'hésiterait pas à s'y soumettre : en même temps, il blâma sévèrement toute opposition systématique , en soutenant que le devoir de la presse consistait, tout à la fois, à éviter au gouvernement le plus de fautes possibles en les lui signalant, à les critiquer lorsqu'elles étaient commises et à accepter loyalement toutes les améliorations qu'il faisait. A la vérité, cette opinion fut vivement controversée par quelques uns des membres de l'assemblée. Du reste, elle ne fut pas mise en délibération, car ce n'était qu'un développement de la question sur laquelle on devait voter, la société des *Droits de l'Homme.*

Armand Carrel déclara encore qu'entendant conserver toute son indépendance, il ne voulait faire partie d'aucune société politique secrète et que si l'assemblée dans laquelle il se trouvait, comme délégué d'un département, n'était, en quelque sorte, publique, si elle n'avait un but aussi légal, aussi ostensible, celui de soutenir et de moraliser la presse, il se serait refusé à en faire partie. La fermeté , la droiture , le jugement éclairé de ce personnage politique , la haute et légitime influence qu'il exerçait sur la partie la plus considérable et la plus morale de l'opinion démocratique, ont été reconnus généralement et sans contestation , même par ceux qui ne partageaient pas ses convictions politiques. L'écrit, déjà cité, de M. Boullée sur *Louis-Philippe* le constate avec une

impartialité qui n'est pas suspecte : ainsi, après avoir dit
« qu'Armand Carrel était un écrivain estimé, un répu-
» blicain modéré et que le parti démocratique avait placé
» en lui depuis longtemps ses plus chères espérances,»
il a ajouté ce qui suit : *Le rédacteur du National suc-
comba, vivement regretté de son parti et même d'un
grand nombre de conservateurs qui pressentaient quels
services l'ordre public était en droit d'attendre de cet esprit lumineux et sage, si la France était destinée quelque
jour à subir une nouvelle épreuve du régime démocratique.*

Mais Armand Carrel avait dédaigné cette popularité,
à la fois éphémère et dangereuse , dont tout le mérite
consiste à flatter les passions et les intérêts apparents des
masses, à leur parler sans cesse de *droits* et jamais de
devoirs.

L'auteur croit devoir protester ici , de la manière la
plus formelle, contre l'erreur commise envers lui, non par
les journaux de la localité et de Lyon, mais par plusieurs
journaux de Paris qui se sont permis, tout en approuvant
le document publié par lui, de le désigner comme étant
un habitué des sociétés secrètes. Sans doute, ils ont sup-
posé qu'il n'en pouvait être autrement ; peut-être même
ont-ils cru, en cela, lui être agréables : quoi qu'il en soit,
l'auteur repousse également un éloge immérité et une
supposition offensante : il déclare qu'il est resté constamment étranger à toute société secrète, bien qu'il
n'ait cessé depuis 1821 , c'est-à-dire depuis près de 30
ans, de faire partie de l'opposition ; mais il n'a jamais
conspiré contre aucun gouvernement, et son opposition,
chaque fois qu'il a été appelé à la manifester, a toujours

été franche et publique. Il a, même, cru devoir résister, tout récemment, aux instances, d'ailleurs honorables, qui lui ont été faites pour qu'il contribuât à fonder dans son département la société des *Amis de l'Ordre.* Sans doute, il respecte et comprend des appréhensions toutes naturelles dans une ville comme Lyon où il n'y a point de garde nationale et où les partisans de l'émeute et du désordre sont, comparativement, plus nombreux et plus acharnés que partout ailleurs : l'idée d'une résistance organisée à l'avance contre d'infernales machinations dont le but avoué, direct, est le meurtre et le pillage, n'a rien d'étrange ni de blâmable ; mais la nécessité d'une association de cette nature ne s'est pas fait sentir dans un département frontière où il n'existe pas d'agglomérations importantes d'ouvriers, dont la population, au contraire, se compose, en majeure partie, de propriétaires et d'agriculteurs, intéressés au maintien de l'ordre, auxquels une certaine habitude des armes et une constitution plus robuste inspirent le sentiment de leurs forces, et où la garde nationale, qui n'a cessé, dans plusieurs localités, de faire un service actif, se dresse partout, énergiquement, à la moindre apparence de danger et sans même attendre les ordres de l'autorité.

Dans cette situation, surtout, l'inconvénient du serment exigé serait grave : il pourrait donner lieu à des suppositions diverses. D'ailleurs, la grande, l'immense cause de *l'ordre* n'est pas un mystère qu'une société secrète puisse contenir et absorber ; son domaine embrasse tous les intérêts moraux et matériels, toutes les intelligences qui ne se trouvent pas viciées, il s'étend sur la France tout entière ; son principal appui, c'est la *Vérité* ; or,

la Vérité, elle-même, ne redoute rien tant que les té-
nèbres ; elle ne brille et ne fleurit que par la lumière.

Qui donc peut ignorer aujourd'hui, qu'il n'y a, en
France, que deux camps sérieusement hostiles, celui de
l'ordre et celui du désordre ? que ce dernier est parfaitement homogène et que, nonobstant quelques dissidences causées par l'orgueil et la vanité des chefs, simulées, peut-être, pour mieux cacher l'entente cordiale, il
se tient uni et compact, prêt à se précipiter sur l'autre
camp, les armes à la main, dès qu'il y aura scission et
que la brèche aura été ouverte ?

Les partisans de l'ordre, tous ceux qui tiennent à
leurs familles, à leurs foyers, à la nationalité, ne doivent
donc pas hésiter à faire au salut commun le sacrifice de
leurs prédilections comme de leurs prétentions personnelles : dans ce but, ils ont un intérêt évident à soutenir franchement, loyalement, la forme actuelle du gouvernement avec sa constitution quelqu'imparfaite qu'elle
soit, et le président élu par le suffrage universel, d'autant plus que les éléments d'une République protectrice
de la morale comme de tous les intérêts légitimes existent en France et sont répandus sur toute sa surface ; on
l'a démontré précédemment.

A la vérité, de notables modifications ont eu lieu,
depuis l'époque du congrès de 1833, parmi les membres
nombreux et primitifs des associations de la presse dans
les départements : ainsi, plusieurs se sont naturellement attachés au gouvernement d'alors, à mesure qu'il
semblait prendre de la force et de la consistance ; d'autres
ont subi les effets de cette corruption qui était à l'ordre
du jour et ont recherché, ou accepté les faveurs qu'il

prodiguait : d'autres enfin, ont été, à juste titre, indignés
et effrayés par les principes subversifs de toute morale
comme de toute civilisation qu'avaient émis, dans l'assemblée générale des associations, à Paris, cette *Société*
des Droits de l'Homme, qui s'était formée dans son propre sein et avait eu l'audace de réclamer son concours,
bien qu'elle n'y fût qu'une imperceptible minorité (7 ou
8 sur 85) : aussi, le narrateur s'est-il empressé, à son retour de Paris, d'appeler le comité de son département
à voter spécialement sur cette funeste société, en lui
déclarant formellement à l'avance (conformément à l'engagement pris avec l'immense majorité de ses collègues
à Paris) que, si le vote n'était unanime pour la repousser, non seulement il donnerait sa démission, mais encore
il emploierait tous ses efforts à dissoudre l'association
du département, afin qu'elle ne prêtât pas, à son insu, un
appui dangereux à des principes qu'elle réprouvait : c'est
là ce qui eut lieu mais dans des conditions difficiles et
avec des incidents qui paralysèrent, en partie, l'effet salu-
taire que l'auteur avait lieu d'espérer de ses démarches :
il bornera là ses souvenirs rétrospectifs ; ses sentiments
personnels et la nécessité d'une conciliation que commande l'intérêt du pays lui interdisent toute récrimi-
nation, même envers ceux qui ont persisté dans leurs erreurs ou dans leurs antipathies : si la Vérité réprouve le
mensonge, elle n'ordonne pas de tout dire : elle n'exclut
pas la prudence et la modération. Déjà le temps, ou plutôt la Providence, a donné des avertissements instructifs et frappants : en profitera-t-on ? nous l'ignorons...
En ce qui nous concerne, tout en contribuant par nos
faibles efforts à répandre la lumière sur des faits et des

situations ignorés ou mal appréciés, nous ne cesserons d'avoir en vue le bien du pays et de lui sacrifier, sans hésitation, toute préoccupation personnelle : la conscience l'ordonne.

Nous n'hésitons pas à reconnaître hautement, et, en cela, nous croyons être l'organe de tout républicain éclairé et consciencieux, que si une bonne République est préférable à une monarchie, celle-ci, quelque mauvaise qu'elle fût, serait encore préférable à une mauvaise République : En effet, on comprend que les instincts pervers, les crimes, même, d'un souverain doivent avoir, dans un gouvernement représentatif surtout, certaines limites que la force des choses, le sentiment de la conservation, son intérêt et celui de sa dynastie ne lui permettraient pas de franchir; puis, cette tyrannie ne s'exercerait guère que sur ceux qui seraient rapprochés du trône; quant à la nation, elle n'éprouverait que les effets généraux d'une administration, bonne ou mauvaise suivant les circonstances. Louis XI qui, pour la noblesse, a été un tyran sanguinaire, a commencé l'abolition de la féodalité et a imprimé aux franchises municipales une impulsion plus forte qu'aucun de ses prédécesseurs ; les chroniques de cette époque, ainsi que l'histoire, reconnaissent unanimement qu'il a initié la France aux premiers principes d'ordre et de liberté.

Au contraire, sous un mauvais gouvernement républicain, les excès de l'anarchie n'étant comprimés par aucune considération d'avenir, ces excès, dont la responsabilité serait illusoire, puisqu'elle serait partagée par un grand nombre d'oppresseurs, peuvent être sans frein, comme sans limite dans leur durée. Alors, ils atteignent ou menacent toutes les existences , même les plus modestes et les plus humbles : tel , l'incendie de la forêt dévore avec une égale ardeur les arbres séculaires les plus élevés et les tiges les plus minces et les plus obscures. L'expérience en a été faite jusqu'à un certain point, en Angleterre sous Cromwel, en France sous Robespierre. Aujourd'hui encore, si le bon sens et l'effroi publics n'avaient énergiquement réprimé cette monstrueuse impulsion qui avait été donnée à la République par de cyniques novateurs, la France, cette patrie de la civilisation, des beaux-arts et des sentiments généreux, eût probablement offert le spectacle le plus hideux de la férocité et de la barbarie des peuples sauvages.

La supériorité d'une bonne république, même sur une bonne monarchie ne se discute pas. Nous croirions faire injure à l'intelligence et à la bonne foi du lecteur en cherchant à le lui démontrer. Tous les esprits sont donc d'accord sur ce point ; seulement, il en est qui, par antipathie ou par position, ou bien qui, naturellement affectés mais trop exclusivement préoccupés des turpitudes de la république de 93 et des antécédents déplorables de celle actuelle, posent en principe et admettent comme un fait absolu et que l'avenir ne saurait démentir, qu'une bonne république n'est pas possible en France. Déjà, nous croyons avoir démontré par un document positif et non contesté que le pays comporte et possède, en lui-même, au nom de cette forme de gouvernement, les principaux éléments d'ordre et de conservation.

Dès lors, pourquoi cette obstination, ce parti pris à l'avance de l'attaquer et de la repousser comme impraticable ? Si c'est là une fatalité à laquelle elle ne saurait échapper, qu'on laisse à l'avenir et à l'expérience le soin d'en convaincre tous les esprits, et qu'une précipitation injuste et fâcheuse n'entraine pas le pays dans de nouveaux bouleversements ? Quant à nous, dont les espérances ne sont pas éteintes et ont résisté aux épreuves du temps et des déceptions, mais qui n'en voulons la réalisation que dans l'intérêt public et non dans de mesquines satisfactions, nous nous permettrons d'indiquer, à notre point de vue, les conditions principales de viabilité et de prospérité de la république ;

La moralité, incessamment préconisée dans les enseignements comme dans les actes du pouvoir ;

La corruption expulsée de tous les rouages de l'administration ;

La cessation de cette représentation des fonctionnaires qui ne fait qu'exciter l'envie et l'orgueil, et qui, sous prétexte de faire circuler le numéraire par les dépenses de luxe, dilapide les finances de l'Etat et démoralise la nation.

Le retour dans les campagnes d'un grand nombre de bras indispensables à l'agriculture, soumis, par là, à l'action moralisante du travail des champs et enlevés aux excitations et aux mauvais exemples des grands centres de population ;

Enfin, la loi appliquée avec fermeté et même avec rigueur, mais avec une extrême impartialité et sans distinction de position sociale; car le prestige du prince n'existant plus, le respect envers la loi et l'autorité qui la représente doit être énergiquement imprimé dans le sein du pays.

En continuant cet examen des *Considérations politiques*, nous croyons devoir reproduire certaines particularités que nous supposons être peu connues , parce qu'elles nous paraissent avoir un caractère évident d'utilité et d'actualité.

A la révolution de juillet, la mise en accusation et la captivité des ministres de Charles X furent déjà une faute et un embarras pour le gouvernement qui l'a remplacé. Toutefois, cette rigueur avait pour motif, sinon pour excuse, la violation du pacte fondamental , la lutte sanglante et la douloureuse excitation qui en furent la suite. Mais à l'avènement de la république , la situation n'avait évidemment rien de semblable , ni provocation, ni résistance organisée, ni lutte, ni combat , ni ordonnance contresignée par aucun des ministres. Et cependant ce déplorable gouvernement provisoire s'est empressé de commettre la même faute politique , ou plutôt, une véritable injustice envers tous les ministres de cette époque, sans distinction ; en même temps, il adoptait avec emphase et faisait inscrire sur le frontispice de nos monuments publics cet emblème déjà souillé en 93, et qui, pendant la durée du gouvernement provisoire , n'était qu'un objet de dérision , *liberté , égalité, fraternité*. A la vérité, il a proclamé l'abolition de la peine de mort en matière politique ; sans doute, c'est là une mesure essentiellement humanitaire, et qui a reçu l'assentiment universel. Seulement, comme elle n'a profité, jusqu'à présent , qu'à un certain parti qui en a usé et abusé jusqu'à satiété, nous ne saurions trop engager les adversaires de ce même parti à ne pas se mettre dans le cas d'implorer de lui l'application de cette loi.

Les motifs divers qui, en 1848 , à l'avénement de la république, empêchèrent la réunion des membres du

congrès de 1833 et par suite l'application de leurs statuts, ont été suffisamment indiqués par les journaux
précédemment mentionnés : l'auteur n'insistera pas à
cet égard : il s'abstiendra même de publier la liste nominative de ses collègues, la majeure partie de ceux qui
étaient au pouvoir y ayant renoncé, de gré ou de force.
D'ailleurs, les hommes les plus éclairés sont exposés à
commettre des fautes; en politique surtout ; mais lorsque la conscience a pu leur faire entendre sa voix solennelle, il est rare qu'ils ne reconnaissent pas spontanément leurs erreurs : c'est là un acte de courage et de
vertu propre aux esprits élevés, aux cœurs bons et honnêtes, et nous ne voudrions pas les en détourner, ni
leur en ôter le mérite, par des personnalités. Nous nous
bornerons à leur citer, pour qu'ils les imitent, deux
exemples fort remarquables : à cet effet, nous reproduisons l'extrait ci-après d'une lettre publiée dans le *Journal de l'Ain* du 8 décembre dernier:

« Dans l'intérêt public qui excuserait et justifierait au
» besoin cette espèce d'indiscrétion, nous croyons de-
» voir mentionner succinctement un fait qui nous a été
» révélé dans le temps et dont la véracité est pour nous
» incontestable. Ce sont les regrets amers exprimés
» avant sa mort et même avant sa dernière maladie, par
» ce même Godefroy Cavaignac, le fondateur de cette
» Société des Droits de l'Homme, aujourd'hui encore si
» menaçante et si dangereuse pour l'ordre social, et
» qui, dès l'origine, a été publiquement combattue et
» stigmatisée, ensuite, avec un courage et une persé-
» vérance remarquables ; par l'un de nos compatriotes,

» républicain à la fois sincère et honnête, homme de
» conscience et de foi catholique.

» Ce fait sera, nous le croyons, publié plus tard avec
» les circonstances qui l'ont accompagné. Votre journal
» n'est pas le seul qui en reçoive la confidence; et si
» nous avons cru devoir devancer cette publication,
» c'est que, nous le répétons, il y avait en cela utilité
» publique et urgence. C'est là un enseignement direct
» et profitable au pays ; il servira, de plus en plus, à
» démontrer que toutes les conceptions fausses et mau-
» vaises sont destinées à être réprouvées par leurs au-
» teurs eux-mêmes, lorsque l'amour-propre et l'orgueil
» n'ont pas étouffé chez eux le cri de la conscience ou
» voilé le flambeau de la vérité et de l'expérience. Au
» reste, nous avons vu un personnage politique d'une
» plus haute importance sous tous les rapports, M. Voyer-
» d'Argenson, démentir publiquement, par la voie des
» journaux, ses erreurs et ses fautes politiques, et y
» joindre, même, l'aveu de son retour à la foi catho-
» lique.

           » *Plusieurs de vos Abonnés.* »

Nous avons signalé précédemment cette rétractation
de M. Voyer-d'Argenson ; mais n'ayant pas, alors, la
certitude de ses sentiments religieux, nous nous sommes abstenus d'en faire mention, quoique ce fût une
circonstance accessoire toute naturelle et presque indispensable.

En ce qui concerne M. Godefroy Cavaignac, nous
avions, depuis plusieurs mois, une connaissance formelle de son abjuration des funestes doctrines qu'il avait
professées : certaines convenances ne nous avaient pas

permis de publier ce fait, tout en le regrettant dans l'intérêt public : mais comme il ne nous avait pas été dévoilé sous le sceau du secret, nous avons cru devoir le communiquer, dans le temps, à diverses personnes : si les mêmes convenances s'opposent à ce que nous fassions connaître la source d'où émanent cette manifestation primitive et les particularités qui s'y rattachent, nous nous empressons, du moins, de joindre notre attestation à la publicité qui a été donnée au fait principal.

Nous avons stigmatisé avec impartialité les corruptions électorales qui ont eu lieu sous les gouvernements monarchiques, et notamment sous le dernier : nous ne réprouvons pas avec moins d'indignation ces intrigues, ces menées honteuses au moyen desquelles on s'efforce de violer le suffrage universel, de circonvenir les classes les plus nombreuses et les moins éclairées et de leur arracher des votes favorables en vue des élections ; déjà cette considération a été précédemment énoncée, mais d'une manière si sommaire que nous avons cru devoir y ajouter quelques développements.

Ainsi, ces classes sont évidemment en butte à deux espèces de captation tout à fait opposées quant à la volonté qui les fait mouvoir, mais qui, à leur insu, se corroborent réciproquement et ont un résultat identique.

L'une émane hautement, directement, de ces fauteurs d'anarchie, de ces adversaires de tout travail manuel ou intellectuel qui poursuivent avec acharnement, au prix du sang et d'un effroyable cataclysme, la réalisation de leurs utopies : la conduite de ces hommes, dévorés par l'envie et l'ambition, pour la plupart habitués au désordre, ruinés de corps et d'esprit, qui dissipent leur patrimoine, qui ne font aucune distinction entre le bien et le mal, et s'efforcent d'étouffer tout remords et toute croyance, leur conduite, à ce point de vue, est conséquente, rationnelle ; sans doute, l'influence qu'ils s'efforcent d'exercer sur les masses est délétère et dangereuse : l'habit fin, la parole facile et, surtout, sympathique aux intérêts et aux passions de l'auditeur, cette familiarité qui s'assouplit jusqu'aux derniers degrés de la bassesse et de la grossièreté, ont bien vite commencé une sorte de popularité que viennent fortifier les fumées de l'orgie : mais l'auditeur finit par comprendre qu'on veut quelque chose de lui ; il ne tarde pas à voir percer le bout de l'oreille : puis, le manque de fortune, et, surtout, de toute considération, du professeur, discrédite considérablement ses doctrines et bientôt la réflexion et la conscience du néophite en feraient justice, s'il ne recevait, ailleurs, que des enseignements salutaires.

Malheureusement, il n'en est pas ainsi : ces hommes qui ne tiennent à l'ordre que par un seul côté, par l'intérêt matériel, veulent aussi acquérir de la popularité auprès des masses ; ils en ont besoin pour satisfaire leur ambition ou leur orgueil ; dépourvus, eux-mêmes, de toutes croyances, du moins tant que la vie leur a souri, la fortune ne leur suffit pas ; ils veulent des distinctions ; ils éprouvent, d'ailleurs, le besoin d'étouffer sous les apparences de la considération publique le mépris secret dont leur conscience les accable. On comprend, dès lors, qu'ils soient fort peu délicats sur les moyens secrets d'obtenir cette popularité et les votes qui, aux diverses élections, doivent en être le résultat. Mais, ce qu'il y a de dangereux de leur part, ce sont ces demi-concessions faites, au moyen de réticences ambiguës, sur les principes fondamentaux de l'ordre social et, surtout, ces concessions plus larges encore sur les questions de morale et de croyances dont ils font, eux-mêmes, peu de cas. C'est là un fait si habituel qu'il passe, en quelque sorte, inaperçu. Cependant ses conséquences ne sont pas sans gravité. Ainsi, ces concessions, auxquelles le dispensateur a attaché si peu d'importance, sont évidemment acceptées, commentées, colportées et agrandies ; l'autorité de la fortune et de la position sociale leur a donné une valeur considérable ; d'un autre côté, l'artisan pauvre, ou peu éclairé, suppose volontiers que celui-ci ne lui a pas révélé toute sa pensée ; alors il s'efforce, au moyen de quelque exagération, d'établir un rapprochement avec les funestes doctrines que lui ont prêchées les hommes d'anarchie, et il conclut tout naturellement en faveur de ces dernières.

Ces considérations qui se lient, d'ailleurs, à celles que nous avons déjà indiquées et à d'autres que nous produirons incessamment, démontrent que si jamais la société devait succomber sous un pareil fléau, ceux de ses membres qui ont placé toutes leurs affections et toutes leurs espérances dans leurs richesses et dans les satisfactions de cette vie, auront contribué à leur propre ruine et à celle de la France.

Tout en appercevant les nombreuses lacunes que nous avons laissées et en regrettant que les forces, le temps et les matériaux nécessaires pour les combler nous aient fait défaut, nous croyons, cependant, avoir

sigaalé une partie notable des souffrances physiques et
morales du pays et quelques uns des remèdes propres,
sinon à les guérir, du moins à les soulager.

Conclusion.

Il nous reste à indiquer un dernier remède, mais que
nous considérons comme principal, indispensable et
sans lequel les autres seraient nuls, ou, tout au moins,
ne seraient que des palliatifs : c'est la croyance à une
autre vie, immortelle et où les bonnes, comme les
mauvaises actions, recevront une rémunération équitable.

La nécessité de cette croyance se fait sentir et se ma-
nifeste partout : l'enquête officielle de l'Académie n'a
pas hésité à le reconnaître en ce qui concerne les classes
ouvrières : aujourd'hui, la presse (en général), cette
même presse qui, sous les gouvernements précédents,
affichait le scepticisme, vient déplorer l'absence des
croyances religieuses : des esprits élevés, d'un mérite
incontestable, ont naguère abjuré publiquement leurs
erreurs, notamment sur la question de l'enseignement.
La vérité, enfin, devient, à cet égard, si palpable,
qu'elle sue en quelque sorte par tous les pores, et qu'il
n'est pas un journal de Paris, ou de la province, à moins
qu'il ne soit rouge ou socialiste, qui n'en laisse décou-
ler quelques gouttes : nous aurions trop à citer si nous
entreprenions de résumer les considérations qui s'y rattachent : nous nous bornerons à extraire ce qui suit d'un
numéro tout récent du *Salut Public* de Lyon ; il est du

22 avril et constate les doléances de la presse parisienne
à ce sujet.

« Le Pays (journal) trouve insuffisante la propagande
» de livres et de brochures anti-socialistes qui ne par-
» lent qu'à l'esprit du public : le socialisme est une
» religion matérielle qui se sert de toutes les mau-
» vaises passions des hommes pour subjuguer leur
» cœur, le pervertir et s'y installer en souveraine. L'es-
» prit n'est que le chemin du mal, le cœur en est le
» siége. C'est donc dans le cœur qu'il faut l'attaquer,
» c'est là qu'il faut porter le remède, et la religion,
» seule, peut, suivant le Pays, remplir cette mission
» tutélaire; c'est à la religion divine de l'ame qu'il ap-
» partient de détruire la religion brutale de la matière.
» Nous partageons complétement le sentiment du Pays,
» et nous espérons que le clergé sera à la hauteur du
» rôle magnifique rendu nécessaire par la démoralisa-
» tion de notre siècle. »

Enfin, ce qui ne s'était pas vu jusqu'à présent lors
des élections, sous les précédents gouvernements, le
drapeau de la religion se trouve arboré hautement et en
première ligne, dans les prospectus de la majeure partie
des comités électoraux de nuances diverses, comité cen-
tral, comité napoléonien, comité de la république démocratique, même. Sans doute, ce sera dans beaucoup de
localités et pour un grand nombre d'électeurs, un signe
trompeur de ralliement, un véritable leurre électoral,
comme l'indique déjà la majeure partie des choix proposés au pays; sans doute, aussi, le suffrage universel
trompé, tout à la fois, par cet appât et par les influences
délétères qu'il subit, ne remettra pas encore ce drapeau

entre des mains dignes de le porter ; mais le principe
n'en est pas moins adopté et proclamé ; l'application
n'en saurait être éloignée ; la situation du pays le commande impérieusement.

Les dangers de l'incrédulité par rapport à l'ordre social, ont été signalés en partie, notamment dans le *chapitre des considérations morales*. Mais cette question
majeure, immense dans ses détails comme dans ses résultats, comporte des développements infinis. Nous
avons essayé d'en présenter quelques uns, non pas dans
l'espoir d'émouvoir ceux qui ont résolu, à l'avance, de
se refuser à toute évidence qui contrarierait leurs passions ou leurs habitudes. C'est un parti pris, un système
auquel, cependant, presque tous ceux d'entre eux qui en
auront le temps renonceront un jour, à la suite de quelque calamité, à la veille de la mort, à une heure imprévue. Là-dessus, notre prophétie n'a pas le moindre mérite ni la moindre prétention ; elle repose sur l'expérience la plus vulgaire et la plus antique ; elle est de tous
les temps comme de tous les lieux.

Nos efforts ont pour but, tout à la fois, de contribuer,
sinon par des enseignements dont nous sentons toute
l'insuffisance, du moins par des documents positifs et
concordants, à dissiper des préventions mal fondées,
à faire apprécier les véritables principes de *liberté*, *d'é-
galité et de fraternité* que la religion chrétienne peut,
seule, comporter et appliquer, et qui, partout ailleurs,
ne sont que de fausses enseignes, des prospectus men-
songers ; à combattre par des exemples nombreux et
frappants ce faux *respect humain*, cet ennemi, aussi lâ-
che que dangereux, du retour à la foi ; à consoler et à

soutenir, par l'attente d'une vie immortelle, des croyances que froisse et qu'indigne le spectacle des nombreux succès qu'obtiennent dans celle-ci la fourberie et l'immoralité ; à prouver, enfin, l'efficacité des soulagements et de la résignation que procure cette magnifique promesse au milieu des plus grandes tribulations et des dernières souffrances de l'humanité.

Cette croyance s'applique admirablement à toutes les conditions ; elle n'admet ni faveurs ni priviléges ; par conséquent, elle ne blesse aucune susceptibilité et n'humilie personne : elle se prête à toutes les formes de gouvernement , elle consacre tous les grands principes d'ordre , elle légitime et moralise les affections de la famille : elle aggrandit l'intelligence de l'homme et ne réprime que les mauvais penchants : elle proclame l'indépendance de la pensée ainsi que la liberté véritable, cette liberté qui, au moyen d'un profond respect pour la loi du pays, ne se prête ni à l'injustice ni au désordre ; cette croyance favorise éminemment le développement et le progrès de tout ce qui est beau, utile et moral ; elle n'exige la soumission de la volonté que pour inspirer la résignation aux maux inséparables de la vie et répandre sur eux des consolations ineffables.

Elle admet, elle prescrit l'égalité réelle et complète devant Dieu, sans acception de naissance, de fortune ni même d'intelligence ; elle seule commande et pratique la *fraternité*, on plutôt la charité ; non cette charité orgueilleuse, mondaine, exercée à la hâte avec dédain, par le riche, seulement, envers le pauvre, mais bien cette charité chrétienne, réciproque, qui s'adresse à toutes les douleurs comme à tous les besoins du corps et

de l'ame ; charité qui honore, loin d'avilir, celui qui
en est l'objet ; charité que le pauvre peut et doit, également,
faire au riche au moyen de services et de secours
qui, dans diverses circonstances, sont plus précieux
pour ce dernier qu'une fortune souvent impuissante à les
lui procurer.

A l'aide des croyances religieuses, la vanité, l'envie,
la cupidité et toutes les mauvaises passions se trouvent
insensiblement calmées ou diminuées ; le travail qui est,
tout à la fois, un besoin et une loi de l'humanité s'accroît
et s'allège en même temps ; l'ordre et l'économie se mon-
trent partout ; les liens de la famille se resserrent ;
l'obéissance aux lois et à l'autorité qui les représente est
acceptée par tous ; les devoirs du citoyen sont remplis
avec dévouement et sans effort : Le philosophe Montes-
quieux, dont l'esprit supérieur n'a pu échapper au scepticisme de son époque, a fait cet aveu : *Chose admirable !
la religion chrétienne qui ne semble avoir d'objet que la
félicité de l'autre vie fait encore notre bonheur en celle-
ci.* Enfin, la mort, elle-même, ce dernier acte du drame
humain, qui atteint inévitablement chacun des membres
de la grande famille, qui inspire aux courages les plus
éprouvés un sentiment indéfinissable d'appréhension et
de terreur, dont les dernières douleurs sont, parfois, si
cruelles, la mort se trouve constamment adoucie pour
celui qui a le bonheur de croire : c'est là une remarque
invariable, universelle. N'a-t-on pas vu et ne voit on pas
encore, tous les jours, des mourants, au milieu des an-
goisses de la souffrance, supporter et accepter leur maux
avec douceur et résignation, consoler, même, ceux qui,

désolés et impuissants à les soulager, assistent à leurs derniers instants.

En l'absence des croyances religieuses, que deviendrait le monde, sinon une arène continuelle où la force écraserait le droit, où la vérité serait, sans cesse, étouffée par l'erreur, où la vertu serait une duperie, où la liberté ne serait qu'un prétexte à la licence, l'égalité un motif de pillage, la fraternité une dérision? Nul doute que la négation ou plutôt l'oubli de toute croyance religieuse n'ait fomenté, à Paris, cette féroce et implacable insurrection de juin et qu'elle ne soit, en même temps, une cause notable des souffrances et des perturbations actuelles de la France : l'enquête officielle de l'académie l'indique formellement en ce qui concerne les classes ouvrières ; ainsi, après avoir signalé, à l'aide de preuves multipliées, leur déplorable situation, elle a constaté, comme on l'a vu, les efforts tentés pour substituer en elles les idées de partage, de bien-être illimité et de besoins sans frein aux anciennes croyances qui ont pour but de les éteindre ; puis cette même enquête se termine ainsi : *Le plus grand malheur d'une pareille situation, c'est qu'elle sera sans remède pendant toute la durée de la génération actuelle. Il n'y a que l'expérience la plus dure qui ramène les hommes égarés par l'orgueil au sentiment de la justice et de la vérité. L'expérience se fait,* etc. Mais cette situation fâcheuse ne se borne pas aux classes ouvrières ; les autres y participent aussi, quoique à un degré moins intense et dans des conditions différentes ; nous croyons l'avoir démontré dans le chapitre relatif à chacune d'elles.

Au reste, les résultats de l'incrédulité sont naturels

et logiques : suivant elle, il n'y a rien après cette vie ;
celle-ci est fort courte, la durée en est même incertaine;
elle est, en outre, entremêlée de maux et de tribulations de toute espèce : dès lors, on ne saurait trop tôt
et trop amplement satisfaire ses goûts et ses passions ;
si les uns le font dans une certaine mesure, c'est qu'ils
sont retenus par l'amour-propre, la vanité ou l'orgueil ;
tel qui a résisté à une tentation, à un appât de 20 mille
francs, par exemple, aurait succombé, peut-être, devant
un chiffre de 30 ou 40 mille. D'autres, au contraire, ne
s'arrêtent que devant une répression judiciaire ; ce n'est
pas la honte, ni le cri de la conscience qui les retient,
ils se sentent la force de les braver, mais bien la crainte
des galères et de l'échafaud. Il en est d'autres, enfin, que
la justice des hommes n'arrête pas, qui en ont calculé
de sang-froid toutes les conséquences et les ont acceptées de même. A ces divers points de vue, en l'absence
de tout sentiment religieux, la conduite de chacun d'eux
est toute naturelle : c'est de là que surgissent tous les
désordres et tous les crimes qui pullulent dans le monde.
Sans doute, la foi religieuse ne suffit pas toujours pour
dompter les instincts mauvais; mais elle y contribue puissamment, et lorsque la faiblesse humaine succombe,
c'est que les croyances ont été momentanément assoupies ; aussi, dès qu'elles se réveillent, elles amènent le
remords et le repentir.

Mais d'où vient que cette logique funeste de l'incrédule
l'accompagne si rarement jusqu'au tombeau ? d'où vient
que, le plus souvent, à l'aspect de la mort, ou même
dans le cours de sa vie, fatigué des déceptions que lui
ont causées ses passions, il appelle à son secours ses an-

ciennes croyances qu'il supposait éteintes et qui n'étaient
qu'endormies ? D'où vient que pour le petit nombre de
ceux qui meurent en repoussant sciemment les bienfaits de la religion, les derniers moments sont pleins
de désespoir et sont un sujet d'horreur et de scandale
pour ceux qui y assistent? (c'est là un fait remarquable
et qui est de notoriété publique): c'est que le sentiment,
la conscience, de l'immortalité de l'ame existe *à priori*,
sans enseignements et sans tradition autre que la révélation faite au premier homme, chez tous les individus
doués de raison. Les peuples les plus sauvages en sont
imbus: on ne peut, même, arriver à les civiliser et à leur
faire adopter d'autres mœurs et d'autres idées qu'en déve-
loppant en eux cette pensée sublime et primitive dont ils
sont en possession. Depuis quand, comment et par qui leur
a-t-elle été inculquée comme à tout le genre humain?...
L'histoire ancienne et moderne, les auteurs sacrés et
profanes, les beaux-arts, les sciences, et même les sciences exactes, tout, jusqu'aux erreurs, aux contradictions
et aux rétractations des sophistes et des incrédules, s'ac-
corde à fournir la même réponse.

Les preuves ne nous feraient donc pas défaut; elles nous
aveugleraient plutôt par leur nombre et par leur force.
Elles sont tellement multipliées ; elles s'adaptent si mer-
veilleusement à toutes les intelligences et à toutes les
conditions qu'il semble impossible qu'aucun être raisonnable puisse échapper à la conviction de l'immortalité
de l'ame et de ses conséquences naturelles ; c'est là une
vérité dont le flambeau peut être voilé momentanément
par les intérêts matériels et par les passions, mais à la
clarté duquel nulle conscience ne saurait se soustraire.

La démonstration en a été faite si souvent, depuis si longtemps, avec tant de talent et de supériorité, et par un si grand nombre d'écrivains et d'orateurs que nous nous sommes abstenus d'y joindre notre faible concours. En présence d'un aussi magnifique sujet, nous sentons toute notre insuffisance, disons même notre indignité.

Labruyère a dit : » Je sens qu'il y a un Dieu, et je ne » sens pas qu'il n'y en ait point ; cela me suffit ; tout le rai- » sonnement du monde m'est inutile. Je conclus que » Dieu existe. Cette conclusion est dans ma nature ; j'en » ai reçu les principes trop aisément dans mon enfance, » et je les ai conservés depuis trop naturellement dans » un âge plus avancé, pour les soupçonner de fausseté. » Mais il y a des esprits qui se défont de ces principes ; » c'est une grande question s'il s'en trouve de tels ; et » quand il en serait ainsi, cela prouve seulement qu'il y » a des monstres. » Aussi ce même moraliste, cet observateur si juste dans ses appréciations et dont l'autorité n'a jamais été contredite, ajoute-t-il ailleurs, comme on l'a déjà dit : *Je voudrais voir un homme juste, chaste, tempérant qui nie l'existence de Dieu, mais cet homme là ne se trouve pas.*

Certes, les bienfaits de toute nature, matériels et moraux, que la religion catholique, *seule*, répand avec tant d'abondance sur toute la surface du globe, à tous les instants du jour et de la nuit, par des canaux innombrables, infinis, au milieu des plus profonds dégoûts et des dangers les plus imminents, sans distinction de personnes, de conditions, de nationalités, de croyances même, donnent bien le droit d'affirmer que cette religion est la meilleure, ou plutôt, la seule vérita-

ble. C'est envain que des sectaires, et surtout des incrédules, lui font un reproche de cette prétention exclusive ;
ils n'ont jamais osé avancer qu'aucune religion fasse autant de bien, évite autant de maux, soulage autant de
souffrances. Mais, on le comprend, l'impiété ne se soucie
pas d'établir des luttes sur le terrain de la vertu, de la
charité, des bonnes œuvres et des sacrifices. Son arène
est celle de la cupidité, de l'orgueil, de la satisfaction
des appétits sensuels.

D'ailleurs, le reproche d'exclusion que l'incrédulité
adresse à la religion catholique n'a point de fondement
solide, il n'est que spécieux : non seulement cette religion panse avec effusion les plaies morales et physiques
de ceux qui ont le malheur de ne pas la comprendre, mais
encore elle ordonne des prières pour eux : ainsi, tout en
conservant ce caractère de supériorité qui l'inspire et qui
fait sa force, pour lequel elle a prodigué le sang de tant de
martyrs parce qu'elle, *seule*, est la *vérité*, et que la vérité est héroïquement indélébile, cette religion loin de
haïr ceux qu'elle n'a pu attirer dans son sein, invoque encore pour eux la miséricorde divine, qu'ils soient vivants
ou qu'ils aient quitté cette vie.

Si quelques excès ont eu lieu en son nom, dans les
temps anciens, la religion catholique les a constamment
réprouvés ; elle ne saurait être responsable des erreurs
ou des crimes de ceux de ses ministres qui y ont parti-
cipé, pas plus que de ceux des autres hommes et des
gouvernements; elle a horreur du sang et de toute violence, son élément constitutif, c'est l'humanité, la conciliation, la tolérance. Du moment où l'immortalité de
l'ame est sérieusement, sincèrement reconnue, elle es-

père toujours que les conséquences de cette croyance ramèneront dans son sein celui qui appartient à la secte dissidente ; les conversions nombreuses et remarquables qui continuent leur mouvement en Allemagne et surtout en Angleterre, justifient aujourd'hui, plus que jamais, cette légitime espérance ; celle-ci ne saurait recevoir aucune atteinte de l'espèce de compensation qu'offriraient ceux qui abandonnent la religion catholique ; leur petit nombre, leur manque d'importance et de mérite (sauf 2 d'entre eux), leurs travers et leur inconduite, tout regrettables qu'ils soient ne font que confirmer cette assertion.

Cette religion divine ne réprouve que l'incrédulité, l'impiété ; elle ne les croit pas sincères : aussi nous ne craignons pas de supposer que si des catholiques avaient à opter, dans les élections, entre l'un de ces catholiques, qui aurait été *baptisé* mais qui serait devenu incrédule, et un protestant, ou tout autre sectaire, qui croirait à l'immortalité de l'âme, ils n'hésiteraient pas à préférer ce dernier.

Du reste, comme on l'a dit, l'impiété n'est que le résultat de l'influence exercée sur l'homme par ses passions, par ses mauvaises habitudes et le faux respect humain ; elle ne résiste pas au temps, à la réflexion, aux tribulations humaines, aux approches de la mort.

Nous ne croyons pouvoir apporter une sanction plus concluante des enseignements qui découlent de l'immortalité de l'âme que par la nomenclature des personnages les plus éminents de l'ère contemporaine qui, après avoir passé une partie de leur vie dans l'incrédulité, n'ont pu mourir sans abjurer leurs erreurs : c'est la voix de la vérité, qui se fait entendre, le cri de la conscience qui s'échappe lorsque les illusions du monde ont disparu, que les passions ont cessé d'exercer leur funeste empire, dès que les prestiges de l'amour-propre et d'une vaine gloire se sont dissipés et que les entraves d'un misérable respect humain ont été brisées, pour faire place à la crainte et à la réalité d'une autre vie.

Nous avons puisé dans les deux ouvrages déjà cités de M. A. Nicolas et de M. l'abbé Pernet, la majeure partie de ces documents si instructifs ; nous regrettons de n'avoir pu les reproduire intégralement, car nous n'avons pu que les affaiblir en les analysant.

Exemples.

Fontenelle, ce chef, ce fondateur de l'école sceptique, est mort avec des sentiments religieux, dans le plein exercice de ses facultés et après avoir demandé, lui-même, les secours de la religion.

Montesquieu dont plusieurs ouvrages, notamment les *Lettres persannes*, portent l'empreinte des principes délétères de son époque, a réparé ses erreurs dans ses derniers écrits : il a dit notamment *que la morale évangélique était le plus beau présent que Dieu pût faire aux hommes* : il a été assisté dans ses derniers instants par le curé de Saint-Sulpice.

Le docteur Lamettrie, ce littérateur matérialiste dont les écrits sont empreints de cynisme et d'immoralité, a fait presque publiquement, amende honorable : il est mort chrétiennement à Berlin.

Dumarsais, auteur de divers ouvrages qui respirent

l'incrédulité et l'impiété, a manifesté hautement, avant
de mourir, son repentir et ses sentiments religieux.

Le marquis d'Argens, l'auteur du *Livre des Mœurs*,
où il avait prétendu prouver que *la morale était naturelle et indépendante de toute croyance religieuse*, ne
s'est pas contenté de manifester son vif repentir et son
retour à la foi chrétienne; il y ajouta, le jour de sa mort
et en présence de ses amis, une allocution à son fils.
Nous croyons devoir la reproduire ici : « Mon fils, écou-
» tez et retenez ce que je vais vous dire. Je vais paraître
» devant Dieu et lui rendre compte de toute ma vie; je
» l'ai beaucoup offensé, et j'ai grand besoin d'en obte-
» nir miséricorde..... Je vous ai scandalisé par une con-
» duite peu religieuse et par des maximes trop mondai-
» nes : me le pardonnez-vous? Ferez-vous ce qu'il faut
» pour que le bon Dieu me le pardonne? Arriveriez-vous
» de vous-même à d'autres principes qu'à ceux que je
» vous ai donnés? Écoutez bien, mon fils, les leçons
» que je vous donne en ce moment. J'atteste le Dieu
» que je vais recevoir et devant lequel je vais paraître,
» que, si j'ai paru peu chrétien dans mes actions, dans
» mes discours, dans mes écrits, ce n'a jamais été par
» conviction; ce n'a été que par respect humain, par
» vanité, pour plaire à telles et telles personnes.....
» Mettez-vous à genoux, mon fils, joignez vos prières à
» celles des personnes qui m'entendent et qui vous
» voient; promettez à Dieu que vous profiterez de mes
» dernières leçons; et conjurez-le de me pardonner. »

Bouguer, après la mort duquel d'Alembert ne pouvait
s'empêcher de dire : *Nous avons perdu la meilleure
tête de l'Académie*; s'était converti à la suite d'un ser-

mon contre les incrédules : il dit à son confesseur, en présence de plusieurs personnes : *Je n'ai été incrédule que parce que j'ai été corrompu : c'est mon cœur, plus que mon esprit, qui a besoin d'être guéri.*

Buffon se confessa : il reçut les sacrements presque publiquement en 1778.

Le comte de Tressan, de l'Angle, Boulainvilliers, Damilaville, Thomas, Mercier, Palissot, Larcher, le fameux duc d'Orléans, tous philosophes et matérialistes, ont fait abjuration et sont morts chrétiennement.

D'Alembert en manifesta formellement l'intention. Il en fut empêché par Condorcet qui, en s'opposant à l'arrivée du curé de St-Germain que l'illustre géomètre avait fait appeler, eut l'effronterie d'ajouter : *Si je ne m'étais pas trouvé là, il faisait le plongeon.* D'Alembert, lui-même, avait voulu s'opposer à ce que le comte de Tressan, qui était de la même école, se confessât ; mais ce dernier le repoussa avec indignation et lui ordonna de se retirer et de le laisser mourir en paix.

Pour Diderot, ses amis ayant appris qu'il avait eu plusieurs entretiens avec le curé de St-Sulpice et qu'il avait l'intention de publier une rétractation, parvinrent à l'entraîner à la campagne, à le circonvenir et à l'empêcher de recevoir les secours religieux, malgré le désir qu'il en manifestait.

Quant à Voltaire et à Rousseau, leurs contradictions sur les croyances religieuses sont si nombreuses et si fortes, leurs sentiments de piété sont, parfois, exprimés avec tant d'élévation et d'énergie, remplis de tant d'amertume, et même de tant de fiel à l'égard des incrédules; d'autres fois, leurs œuvres expriment tant d'impiété, d'immoralité et de cynisme que tout lecteur impartial doit admettre qu'il y avait, au moins, lutte intérieure et guerre intestine dans les principes de ces deux écrivains célèbres du dernier siècle : les citations et les rapprochements ont trop d'étendue et sont, d'ailleurs, trop connus pour que nous les renouvellions ici ; nous nous bornerons à reproduire les détails à la fois instructifs et pleins d'intérêt que nous avons trouvés sur les derniers moments de Voltaire.

On sait que Voltaire se confessa plusieurs fois durant sa vie, ainsi que l'attestent divers endroits de sa correspondance. « L'année même de sa mort, dit M. Guillois, il
» signa un écrit dans lequel il déclarait s'être confessé à
» l'abbé Gauthier et demandait pardon à Dieu et aux
» hommes des scandales qu'il avait causés. Le curé de
» St-Sulpice se présenta chez lui, lorsque le danger de
» sa maladie augmenta, se flattant d'obtenir quelques
» succès ; mais on ne le laissa plus pénétrer dans la chambre
» du moribond, qui termina sa carrière le 30 mai
» 1778, *dans le plus affreux désespoir*, au rapport du
» célèbre Tronchin, poussant ce cri sinistre : *Je suis*
» *abandonné de Dieu et des hommes.*
    » Rappelez-vous, dit ce médecin protestant, toute la
» rage et toute la fureur d'Oreste, vous n'aurez qu'une
» faible image de la rage et de la fureur de Voltaire dans
» sa dernière maladie. Il serait à souhaiter que tous les
» incrédules de Paris se fussent trouvés là, le beau spec-
» tacle qu'ils auraient eu ! Le maréchal de Richelieu
» avait eu ce spectacle sous les yeux, et il n'avait pu
» s'empêcher de s'écrier : *En vérité, cela est trop fort ;*
» *on ne saurait y tenir.*

« Voltaire, dans cette horrible agonie, expiait l'impu-
» dent blasphème qu'en 1758 il avait osé jeter à Dieu,
» en écrivant à Alembert : « Dans vingt ans, le Christ
» aura beau jeu. » Et à vingt ans de là, jour pour jour, le
» blasphémateur impie se mourait en proie aux accès fré-
» nétiques de la rage et du désespoir. Que Dieu est im-
» pénétrable et terrible dans ses jugements ! »

Cabanis qui a, hautement, professé le matérialisme
et l'athéisme, a laissé une rétractation motivée qui a été
insérée dans la *Revue Française*, en décembre 1838.

Le docteur Broussais a suivi les mêmes errements ; il
a légué sa rétractation *à ses amis*, *à ses seuls amis* : elle
a été publiée dans la *Gazette médicale* du 12 janvier
1839, et par le journal *le Droit*, le 14 novembre 1841,
à l'occasion d'un procès entre le secrétaire de Broussais
et ses héritiers sur la propriété du manuscrit de cette
rétractation.

Benjamin Constant, dans une lettre publiée ensuite
par Châteaubriand, convient loyalement que son histoire du polythéisme est une singulière preuve de cette
Vérité de Bacon, *que peu de science mène à l'incrédu-*
lité et que beaucoup de science ramène à la foi : puis il
ajoute: « C'est positivement en approfondissant les faits,
» en en recueillant de toutes parts, et en me heurtant
» contre les difficultés sans nombre qu'ils opposent à
» l'incrédulité, que je me suis vu forcé de reculer dans
» les idées religieuses. Je l'ai fait certainement de bien
» bonne foi, car chaque pas rétrograde m'a coûté. En-
» core à présent toutes mes habitudes et tous mes sou-
» venirs sont philosophiques, et je défends poste après
» poste tout ce que la religion reconquiert sur moi.... »

Hégésippe Moreau, ce poète véritable, oublié, peut-être, parce qu'il est mort dans la plus grande misère, a expié, naguère, par ses souffrances et sa pieuse résignation, dans un hôpital de Paris, l'impiété et les scandales d'une partie de ses œuvres et de sa vie privée : son entrée fortuite dans une église commença sa conversion : le poète ne se borna pas à une magnifique pièce de vers qui a pour titre : *Un quart d'heure de Dévotion* ; en tête d'une édition posthume de ses œuvres, se trouve une notice biographique de l'un de ses amis, M. *Sainte-Marie-Marcolle ;* nous la reproduisons textuellement pour ne pas en affaiblir l'intérêt : « Malade moi-même, comme » je n'étais pas allé le voir à l'hôpital depuis quelques » jours, il se leva, traversa la rue par une des plus froi- » des matinées de décembre, monta trois étages, et fail- » lit tomber évanoui sur le seuil de ma porte. Cette vi- » site n'était-elle pas un dernier adieu ? je ne le sais, » mais j'étais, comme frappé d'aveuglement : je ne pou- » vais croire qu'il dût mourir encore. Huit jours après, » il me dit qu'il avait reçu dans la nuit les derniers sa- » crements. Notre entrevue fut silencieuse ; quand je le » quittai : Aimez bien ma sœur, me dit-il : ce fut tout. » Le lendemain, 20 décembre, 1838, un homme de l'hô- » pital entra chez moi, et m'annonça que le n° 12 venait » de mourir. »

L'ouvrage de M. A. Nicolas, où nous trouvons ce document, fait remarquer qu'à la tribune nationale on a dit qu'*Hégésippe Moreau était mort d'une manière honteuse..... pour la France,* ajoute-t-il, *non pour lui.*

Jouffroy, cet esprit si sceptique, ce grand maître, cette colonne du rationalisme qui a prétendu enseigner

comment les dogmes finissent, a exprimé, plus tard, ses regrets les plus complets et les plus touchants de ses erreurs et de son incrédulité, dans divers ouvrages, notamment dans son *problème de la destinée humaine* et dans son *organisation des sciences philosophiques* publiés *par la revue indépendante* le 1er novembre 1842 : l'extrait ci-après suffira pour faire apprécier les tortures morales qu'a éprouvées Jouffroy : « Je sus alors qu'au fond
» de moi-même il n'y avait plus rien qui fût debout ; que
» tout ce que j'avais cru sur moi-même, sur Dieu, et
» sur ma destinée en cette vie et en l'autre, je ne le
» croyais plus ; puisque je rejetais l'autorité qui me l'a-
» vait fait croire, je ne pouvais plus l'admettre ; je le
» rejetais.

» Ce moment fut affreux ; il me sembla sentir ma pre-
» mière vie, si riante et si pleine, s'éteindre, et derrière
» moi s'en ouvrir une autre sombre et dépeuplée, où
» désormais j'allais vivre *seul,* seul avec ma fatale pensée
» qui venait de m'y exiler, et que j'étais tenté de mau-
» dire. Les jours qui suivirent cette découverte furent les
» plus tristes de ma vie. Dire de quels mouvements ils
» furent agités serait trop long...... Mon ame ne pou-
» vait s'accoutumer à un état si peu fait pour la faiblesse
» humaine ; par des retours violents, elle cherchait à re-
» gagner les rivages qu'elle avait perdus, etc. Des atten-
» drissements subits me rappelaient à mes croyances pas-
» sées et éteintes, à l'obscurité, au vide de mon ame, et
» au projet toujours ajourné de le combler, etc. » On
avait conclu de là qu'il avait définitivement perdu toutes
ses croyances, et on avait dit : *Jouffroy est mort comme
il a vécu, sceptique et désolé* : mais une lettre de M. le

curé de St-Jacques , publiée ensuite et reproduite par M. A. Nicolas, prouve qu'il n'en a pas été ainsi ; il raconte que, *dans une de ses visites, Jouffroy, en parlant du dernier ouvrage de M. de Lamennais , avait déploré sa défection et avait ajouté : Hélas! M. le curé, tous ces systèmes ne mènent à rien ; vaut mieux mille et mille fois un bon acte de foi chrétienne ;* il dit aussi que *Jouffroy, quelques jours avant sa mort, avait témoigné à sa femme combien il était heureux de penser que ce curé allait se charger d'instruire sa fille pour la première communion.*

Les écrits et la vie tout entière de *Lord-Byron* semblent s'accorder à le signaler comme le type du scepticisme et de l'incrédulité : son savoir, son génie , sa position sociale, l'élégance et la recherche de ses manières, la persistance hautaine et tout-à-fait excentrique de son scepticisme , l'avaient mis à la mode et en avaient fait un chef d'école dans le monde fashionnable, en Angleterre et même en France. Aujourd'hui encore, son nom fait autorité parmi les adeptes. A la vérité, l'orgueil, surexcité, du savant et du grand seigneur, et qui l'a accompagné jusqu'aux portes du tombeau fastucusement drapé dans les insignes du luxe et de la science , lui à empêché de reconnaitre hautement ce grand, cet immuable principe de l'immortalité de l'ame ; mais la conscience qui ne perd jamais ses droits et dont le cri ne saurait être étouffé, ne lui a pas permis de jouir paisiblement de ses misérables succès. Les lignes suivantes qu'on a retrouvées, après sa mort, écrites sur sa bible et de sa propre main, en font foi : *Dans ce livre auguste est le mystère des mystères. Ah! heureux entre tous les mortels ceux à qui*

Dieu a fait la grace d'entendre , de lire, de prononcer en prières et de respecter les paroles de ce livre ! Heureux ceux qui savent forcer la porte et entrer violemment dans les sentiers; mais il vaudrait mieux qu'ils ne fussent jamais nés que de lire pour douter ou pour mépriser (1).

Déjà, comme on l'a vu, nous avons mentionné la réprobation de M. Voyer d'Argenson au sujet de la Société des Droits de l'Homme dont il avait été l'un des fondateurs, et, en même temps, la manifestation toute naturelle de ses sentiment chrétiens. Nous avons également reproduit les regrets exprimés par M. Godefroy Cavaignac sur le même sujet. Quoique nous ignorions s'il a, ou non, manifesté des croyances religieuses, nous n'hésiterons pas à le supposer. Sa rétractation politique qui, en ce cas, est tout-à-fait rationnelle, serait, dans le cas contraire, une inconséquence inexplicable.

Nous ne saurions clore cette liste par un exemple plus remarquable et plus frappant que celui de Napoléon, de ce conquérant dont la gloire a fait pâlir celle de tous les héros qui l'ont précédé. Doué, tout à la fois, d'un esprit vif et pénétrant, d'une volonté ferme et de ce coup-d'œil, propre aux hommes supérieurs, qui saisit et embrasse dans leur ensemble les plus grandes questions, Napoléon avait été, en outre, le seul artisan de sa haute fortune. Ses immenses succès lui avaient naturellement inspiré la plus grande confiance dans ce qu'il appelait *son étoile* pour ne pas choquer le vulgaire, mais qui n'é-

---

(1) A. Nicolas.

tait autre chose qu'une foi entière dans ses propres forces.

Il paraît certain que, pendant sa vie de souverain et de triomphateur, il n'avait guère considéré la religion, en général, ou plutôt toutes les religions, que comme une nécessité d'état, variable suivant les mœurs, les lieux et le climat : aussi s'est-il fait musulman au Caire, comme il fût devenu protestant à Londres et disciple de Bouda à Pékin ; en France, il avait tout naturellement rétabli l'exercice du culte catholique, parce que c'était la religion du pays ; mais, en compensation, il entendait l'asservir complètement à sa politique. Sa conduite envers le pape qu'il a, un instant, songé à remplacer, son divorce, son second mariage, les opinions qu'il a émises et diverses circonstances de sa vie privée, ont assez fait connaître le cas qu'il faisait de la religion, en elle-même, du moins tant que la fortune lui a souri : il est probable, d'ailleurs, que pendant toute la durée de ce drame éclatant, ses innombrables préoccupations et, aussi, cette forte constitution qui l'a préservé de toute maladie sérieuse, ne lui ont pas laissé le temps ni fourni l'occasion de songer à l'éternité. Au reste, à cette époque, la nation française avait été, pour ainsi dire, façonnée à la mort par les massacres révolutionnaires, comme par les guerres meurtrières de la République et de l'Empire : le départ du conscrit était considéré par ses proches et souvent par lui-même comme le signal de son trépas : les idées religieuses, dont le besoin devait se faire sentir plus que jamais, paraissaient sommeiller dans le for intérieur de chaque individu : les manifestations extérieures en étaient fort rares et passaient inaperçues.

Pour en venir à l'empereur, il est probable que le spectacle et l'ardeur des combats qui ont été, d'ailleurs, son élément, l'avaient familiarisé avec la mort et l'avaient, en quelque sorte, blasé sur cet instant suprême : habitué à braver les plus grands dangers et n'ayant reçu aucune blessure de quelque gravité, il se croyait, par une espèce de fatalité, à l'abri de toute atteinte.

Rien n'indique que les désastres de la campagne de Russie, son abdication à Fontainebleau et son premier exil à l'Île-d'Elbe, aient apporté aucune modification dans sa conduite comme dans ses idées par rapport à la religion : Napoléon était encore trop rapproché de l'époque et du théâtre de ses exploits, des personnages intéressés à son retour ou dont les Bourbons s'étaient refusés à satisfaire l'ambition ; puis, il était encore souverain, par le fait, et il était naturel qu'il formât le projet et conçût l'espoir de remplacer, en France, un gouvernement tout récemment établi à la suite d'une invasion étrangère et contre lequel des mesures hostiles, ou blessantes, envers l'armée, avaient suscité des préventions et des animosités nombreuses.

Mais si cette première leçon de la Providence n'a pas suffi pour lui en faire sentir la puissance, il n'a pas résisté, du moins, aux épreuves plus douloureuses qu'elle n'a pas tardé à lui infliger. Ainsi, se sont succédé, coup sur coup, le sanglant revers de Waterloo, le morne abandon de la France qu'il avait lassée, celui des compagnons de sa gloire qu'il avait trop enrichis et qui voulaient jouir de leur fortune, sa séparation, sans retour, d'avec sa femme et son fils, puis, ce rocher abrupte de Ste-Hélène sur lequel il a été cloué, ce climat dévorant, le manque d'espace nécessaire pour donner quelque essor à une activité et à une énergie extraordinaires ; ce supplice moral, de tous les instants, qui lui était infligé par son geolier anglais, ou plutôt par son bourreau, dont les préoccupations tendaient, sans cesse, à lui arracher, pièce à pièce, tout insigne, tout témoignage, tout souvenir, même, du rang suprême qu'il avait occupé, à flétrir tout le prestige de son glorieux passé, à le priver de toute consolation humaine et à le séparer, peu à peu, de ceux qui avaient eu assez de dévouement pour partager sa captivité et adoucir ses souffrances.

Alors, *la Vérité,* ou la religion, a pu lui faire entendre sa voix solennelle : elle n'était plus couverte par le retentissement du canon, les évolutions des champs de bataille, par l'enivrement du triomphe, par les hommages des courtisans et l'humble soumission des autres souverains de l'Europe. L'empereur, le héros, si cruellement déchu, n'avait plus qu'à choisir entre le désespoir et *la résignation :* mais cet esprit si vaste, doué de facultés si éminentes, ce cœur si haut placé, ne pouvait hésiter sur le choix à faire ; d'un autre côté, la sobriété et la tempérance, qui lui étaient habituelles, l'ayant mis à l'abri du *sensualisme,* élément principal des sectes philosophiques, l'obstacle le plus difficile à vaincre dans une pareille situation n'existait pas. Dès lors, la conversion, ou plutôt le retour aux anciennes croyances religieuses a été prompt et facile ; la lumière s'est faite et maintenue avec éclat et persistance.

Envain, quelques sophistes, atterrés par cet exemple

si remarquable, ont essayé de balbutier quelques dou-
tes sur la nature et sur l'époque des manifestations de la
foi catholique de l'empereur; envain, ont-ils prétendu
les attribuer à la faiblesse et à la décomposition de son
être, dans ses derniers moments : les faits divers, précis, que nous reproduisons, et dont le dernier, le plus
intérressant, n'a pas encore été publié, dont la connaissance nous est arrivée presque directement puis confir-
mée par d'autres témoignages, feront cesser, sans doute,
toute incertitude à cet égard.

Nous répéterons donc que Napoléon a sérieusement
étudié la religion pendant sa captivité à Sainte-Hélène
et qu'elle y a été l'objet principal de ses méditations ;
que dans sa maladie, il a fait venir un prêtre d'Italie
et en a reçu les derniers sacrements ; que l'un de ses
médecins ayant essayé de l'en détourner soit pour le
rassurer, soit pour lui faire entendre qu'un aussi grand
génie devait être au dessus des faiblesses humaines,
Napoléon lui répondit à peu près ce qui suit : *Docteur,
vous ne pourriez, avec toute votre science, prolonger
ma vie une seule minute au-delà du terme qui lui est
assigné, et vous prétendriez prononcer sur les destinées
de mon ame! vous êtes bien inconséquent...* Du reste,
Napoléon avait, avant sa dernière maladie, exprimé, à diverses reprises, ses croyances profondes : ce sont elles
qui lui ont inspiré cette comparaison si belle et si concluante dont nous regrettons de ne pouvoir rendre le
texte que par des souvenirs qui l'affaibliront sans doute.

« Quatre noms ont particulièrement appelé les regards
« du monde. Jésus-Christ, Alexandre-le-Grand, Jules
« César et moi. Que restera-t-il des hauts faits et des

» conquêtes de ces trois derniers? Plus rien bientôt…
» à peine l'histoire les mentionnera-t-elle encore dans
» quelques siècles, à titre de mémoire… Il y a 18 siècles
» que les conquêtes de Jésus-Christ ne cessent de s'a-
» grandir et de se consolider : vous voyez bien que ce
» n'est pas là un homme, c'est Dieu.

On a essayé de démentir l'admonition que Napoléon
aurait adressée au général Bertrand sur son incrédulité :
si nous manquons des éléments nécessaires pour constater ce fait, du moins, nous avons des documents assez
positifs et qui nous inspirent assez de confiance, pour
révéler une autre particularité plus spéciale et, surtout,
beaucoup plus intéressante : *c'est que l'empereur aurait,
pendant toute une année, consacré une heure par jour à
préparer la fille du général Bertrand à sa première communion et à lui apprendre le catéchisme.*

Il est notoire que la plupart des révolutionnaires, les
plus ardents, de 93, ont eu recours à la religion et ont
saisi cette planche de salut avant, ou pendant, leurs
derniers instants : nous avons mentionné le duc d'Orléans ; nous signalerons encore, parmi les plus remarquables, Barras et Santerre, morts l'un en 1810 et l'autre en 1829, après s'être confessés.

L'auteur n'essayera pas d'apporter à la suite de cette
nomenclature, fort incomplète sans doute, celle des
personnages les plus éminents de l'époque contemporaine, notamment des écrivains, des savants, des poètes
qui, comme Cuvier et Chateaubriand, n'ont cessé de
professer le principe de l'immortalité de l'âme : ce serait
une œuvre trop étendue et qui nécessiterait des recherches innombrables : la réflexion et la conscience suffi-

sent, d'ailleurs, pour démontrer qu'il n'est pas possible de résister, de bonne foi, à tant d'exemples et à tant d'autorités.

Nos efforts n'ont donc pas eu pour but de démontrer une nécessité impérieuse et inévitable pour chaque individualité, mais bien de faire sentir les dangers imminents dont tout retard dans son application menace le corps social.

Quant aux matérialistes de notre époque, dont le mérite intrinsèque n'a pas encore surgi et dont les blasphémes ridicules ne semblent avoir d'autre but que de rechercher quelque célébrité dont ils se sentent probablement indignes par d'autres moyens, nous ne croyons pas compromettre le titre de cet écrit en émettant cet espoir, ou plutôt, cette certitude, savoir : que chacun d'eux fera abjuration, pleine et entière, d'idées, ou plutôt, de déclamations absurdes et dépourvues de toute conviction : elle aura lieu, cette abjuration, publiquement ou bien secrètement, en bonne santé ou en état de maladie, à la suite de quelques chagrins, à la veille de la mort : peu importe : ils en passeront par là et s'il y a quelques exceptions déplorables, elles seront si minimes et les circonstances qui les accompagneront seront si affreuses qu'elles deviendront, pour ceux qui en seront les témoins, un spectacle d'effroi et même un enseignement utile ; c'est là ce qui a lieu habituellement.

L'exemple de saint Paul qui a été le premier et le plus grand persécuteur des chrétiens, celui de saint Augustin et de tant d'autres de toutes les conditions comme de tous les siècles, sont là pour attester la puissance et la miséricorde de Dieu.

ERRATUM.

Page 89, ligne 15, lisez *conservation* au lieu de *convention*.

TABLE.